世界名人名传 | 主编 柳鸣九

[美] 富兰克林 著

方华文 译

富兰克林自传

Autobiography

BENJAMIN
FRANKLIN /

河南文艺出版社

·郑州·

图书在版编目（CIP）数据

富兰克林自传/（美）富兰克林著;方华文译. —郑州:河南文艺出版社,2019.8

（世界名人名传/柳鸣九主编）

ISBN 978-7-5559-0750-3

Ⅰ.①富… Ⅱ.①富…②方… Ⅲ.①富兰克林（Franklin,Banjamin 1706－1790）－自传 Ⅳ.①K837.127＝4

中国版本图书馆 CIP 数据核字（2019）第 000536 号

富兰克林自传
Franklin Zizhuan

出版发行	河南文艺出版社
本社地址	郑州市郑东新区祥盛街 27 号 C 座 5 楼
邮政编码	450018
承印单位	河南瑞之光印刷股份有限公司
经销单位	新华书店
纸张规格	890 毫米×1240 毫米 1/32
印　张	7.5
字　数	154 000
版　次	2019 年 8 月第 1 版
印　次	2019 年 8 月第 1 次印刷
定　价	39.00 元

印厂地址　河南省武陟县产业集聚区东区（詹店镇）泰安路

邮政编码　454950　　电话　0391-2527860

（本书封面图片未能联系上作者,敬请作者与本社联系。）

译本序

富兰克林的大名如雷贯耳，恐怕在这茫茫大千世界家喻户晓，这是由他为人类追求自由、民主的事业所做出的卓越贡献以及为草创对后世产生了巨大影响的美利坚合众国所建立的辉煌功勋而决定的。美国第一任总统华盛顿曾说："在我的一生中，能让我佩服的人只有三位，第一位是富兰克林，第二位也是富兰克林，第三位还是富兰克林。"那么，富兰克林究竟是何方神圣，能叫华盛顿总统如此崇拜呢？其实，若论出身，他是个再普通不过的人——他家祖祖辈辈都是靠卖力气和手艺为生，有的打铁，有的制造蜡烛，有的当染匠，有的当印刷工，有的则是面朝黄土背朝天的农民。谁知就是这样一个家族竟出了一个足以流芳百世的思想家、外交家、政治家、科学家和实业家——本杰明·富兰克林。正是这位本杰明·富兰克林，和杰弗逊一起起草了《独立宣言》，与华盛顿一起领导了美国独立战争，成为美利坚合众国的缔造者之一。在《独立宣言》精神的鼓舞下,美国人民奋斗不息,最终傲立于世界民族之林,将美国打造成了一个伟大的国家。马克思在评价富兰克林时,认为"他是一个真正有价值的人"。富兰克林对当代的影响,主要表现在两方面,一方面是这本《富兰克林自传》(该书是全球最有影响的传记之一,从问世以来的二百多年里,影响了一代代的美国人和各国的青年们),另一方面是美钞(他的肖像印在美国百元大钞上,而美钞是地球上最保值的货币,他因此成为全世界"最值钱的人")。

而富兰克林1706年出生时,家里的经济状况捉襟见肘,常常为衣食所发愁。不过,富兰克林少年早慧,小小的年纪就能读书了,按他自己的话来说"甚至都记不得自己还有过读不懂书的时候"。亲友们觉得家里终于要出一个大学者了,勉励之声不绝于耳。父亲望子成龙心切,把八岁的富兰克林送进了学堂。小富兰克林刻苦学习,由于成绩优秀,连着跳了几级。十岁的时候,家里的经济状况进一步恶化,富兰克林只好辍学帮助父亲制造和销售蜡烛、肥皂,以维持生计。富兰克林的父亲是一个朴实的人,非常注意培养孩子们树立正确的人生观,教导他们立身处世应该有善良和正直的品德以及审慎的生活态度,而不应该注重物质享受——至于饭菜香不香、口味好不好、自己喜欢不喜欢,都不应该过于挑剔。这样的言传身教令富兰克林终身受益。富兰克林从小就爱书如命,将所有的零用钱都花在了买书上。由于他爱书,父亲最终决定叫他学印刷业。他的哥哥詹姆斯办了一个小小的印刷厂,父亲便叫他帮助哥哥打理生意。在印刷厂,富兰克林接触到了许多好书,还痴迷上了诗歌和散文创作。1720年(或者是1721年吧),詹姆斯为了赚钱,创办了《新英格兰报》(这是美洲大陆的第二份报纸),常常请一些文人墨客撰文以吸引读者的眼球。少年富兰克林一时技痒,很想试试自己的文笔,却怕哥哥拒绝出版,于是就改变笔迹,写了一篇匿名文章,夜间放在印刷厂的大门底下。第二天早晨他哥哥看到了,就拿给那些文人墨客评判优劣——那些人赞不绝口。富兰克林深受鼓舞,又以同样的方式数次"投稿",次次都见诸报端。后来,这位"神秘作者"终于浮出了水面,令亲友们刮目相看。

十七岁的时候,富兰克林只身从出生地波士顿去了费城。刚到费城时,他举目无亲,只好在凯默印刷厂打工糊口。后来,他靠着真挚的感情、勤奋的工作精神以及对文学的热爱,有了爱情、事业和文学朋友圈(他的文友包括才华横溢的奥斯本和一心想当"诗圣"的拉夫等)。在当时的费城,社会上有一种颓丧的情绪。为了提倡积极向上的世界观,富兰克林将一些进步人士召集在一起,创建了"共进会",对形成良好的社会风气起到了重大作用。这个学会差不多持续了有四十年的光景,成为宾夕法尼亚地区最优秀的研究哲学、政治和伦理道德的学会。1730年,富兰克林看到一些市民想读书,却没有书可读,于是就带头创建了"公共订阅图书馆"。这种图书馆后来遍及各地,如雨后春笋般涌现,大大提高了国民文化素质。

富兰克林深深意识到,一个人要想有所作为,必须修心养性,规范自身的行为,于是就制定了十三条"准则",其文如下:

一、节制:食不过饱;饮酒不醉。

二、谨言慎行:言必于人于己有益;避免说闲言碎语。

三、生活井然有序:每一样东西应有一定的安放地方;每件日常事务当有一定的时间安排。

四、坚强的决心:做到言必信,行必果。

五、艰苦朴素:用钱用在刀刃上,切忌铺张浪费。

六、勤勉不息:不浪费时间;只做有益的事情,凡是无益的事情一律不做。

七、诚恳待人:不打诳语,待人坦诚和公道,只说诚实的话。

八、公正无私:不做损人利己的事;不忘自己的职责,造福于社会。

九、中庸之道:避免走极端;宽以待人,善于化干戈为玉帛。

十、清洁:身体干净,衣服和住所都应该整洁。

十一、镇静:不管遇到大事还是小事,抑或不可避免的事故,万不可惊慌失措。

十二、洁身自好:除非为了身体的需要以及传宗接代的需要,否则万不可滥行房事;绝不纵容淫欲,免得有损于自身和他人的荣誉。

十三、谦虚:以耶稣和苏格拉底为榜样,做谦谦君子。

正是严格遵守了这些行为规范,富兰克林才成了一个人人喜欢与之交往的正人君子,对社会风气以及广大青年影响极大,当为世人所效仿。他不但注重自身修养，还将很大的精力投放在了公共事务上。在他的倡议下，费城有了行之有效的巡夜制度，防止了夜间罪案的发生，并史无前例地建立了一支消防队（据说，在当时，"世界上恐怕没有一座城市能像费城这般可以迅速制止火势的蔓延"）。由于法国以及一些印第安人部落和西班牙人站在一起，跟英国对垒，使得费城的防务吃紧，富兰克林挺身而出，组建了民兵武装，后被民兵团推选为团长，四方筹款购买枪炮，为保卫疆土做出了贡献。在这期间，他大力向社会募捐，以及在议会慷慨陈词要求拨款，建立了费城大学，培养出了一大批栋梁之材，同时促使一所大型医院落成，救死扶伤，为民造福不浅。他还积极参与城市管理工作，制定了一系列管理方案（如街道清扫、路灯安装等）。当上地区议员后，他为民请命，敢作敢为，对总督以及领主的倒行逆施口诛笔伐，成为议会最得力的"刀笔吏"。

富兰克林热爱文学，创作了许多诗歌、散文和辞章，还撰写了大量的政务文件，形成了自己独特的风格。对于科学研究和发明创造，他也始终热情不减。由于发现了将闪电引到地面上的方法，他被英国皇家学会吸收为会员（皇家学会甚至没要求他写申请书，也没有要求他缴高达二十五个金币的会费）。他的相关论文汇集成册，在法国和英国等国家畅销一时。耶鲁等大学因为他在科学领域做出的重大贡献，授予了他高学历、高学位。热学方面，他改良了取暖的炉子，能够节省四分之三的燃料；光学方面，他发明了老年人用的双焦距眼镜，既能看清楚近处又能看清楚远处的东西。此外，他对气象、地质、声学及海洋航行等方面都有研究,并取得了不少成就。

　　1765年英国议会通过一项法案,要对美洲殖民地的各种印刷品征税,由于付税凭证是一枚印花,因此这一法案被称为《印花税法案》。这一法案在美洲引起了骚乱,民众纷纷发表激烈的演讲表示反对,斥责这一专制行为。1766年2月13日,富兰克林来到英国众议院论述要求废除《印花税法案》的理由。在长达四个小时的时间里,面对着众议员,富兰克林答复了一百七十多个问题。后来英国哲学家伯克描述了这场戏剧性的答辩,说那就像是一位大师在回答一群学生的提问。几星期后,《印花税法案》被废除,美洲殖民地的人民把富兰克林视为英雄。但是英国并没有放弃向殖民地征税的想法,不久新税种又出现了。为了强制征税,英国甚至派遣部队进驻美洲,费用自然由殖民地居民承担。局势再度紧张。不久波士顿人和英国士兵之间发生了冲突,结果导致数人丧生。波士顿人被激怒了,他们将大量的英国茶叶倒入了海水里,这成了美国独立战争的导火索。1775年,富兰克林被选为北美殖民地大陆会议的成员,协助起草《独立宣言》。1776年,已经七十高龄的富兰克林又远涉重洋出使法国,赢得了欧洲人民对北美独立战争的支援。1787年,他积极参加美国宪法的制定工作,并组织了反对奴役黑人的运动。1790年4月17日,夜里十一点,富兰克林溘然长逝。4月21日,费城人民为他举行了葬礼,两万人加入了出殡队伍,为他的逝世服丧一个月以示哀悼。

方华文

2018年4月13日于苏州大学

目　录

第一章　回顾一生，追根溯源

亲爱的儿子：

　　我一直都很喜欢搜集祖上留下的珍闻逸事。你也许还记得当你跟我住在英国的时候，我曾遍访家族中的老人，向他们了解情况，为此不惜走很远的路。目前我正在乡间休假，预计有整整一个星期的空闲时间，我想你也许同样喜欢了解我一生的事迹（其中有许多情节你是不知道的），于是我就坐了下来，将我的一生诉诸笔墨留给你看。除此以外，我还有一些别的想法。我出身贫寒，少年时生活艰难，后来居然能衣食无忧，还在世界上小有名气，一生顺风顺水、诸事如意——承蒙上帝的保佑，我才得以功成名就。对于这些经历，我的子孙很可能愿意做一了解，针对自身情况寻找有益之处，以便借鉴和效仿。

　　回顾自己幸运的一生，我有时不禁会想：假如叫我再活一辈子，我情愿还有这样的人生，从开始一直到现在都是这种状况，仅仅希望能像作家那样待书稿再版时修改修改初版里的些许错误。如若可能，除了改正错误以外，我还希望能化险为夷，把生活中的不利因素转化为有利因素。即便做不到这一点，我仍情愿自己的第二次人生跟第一次一样。鉴于一个人不可能有第二次人生，要想让你的一生重现，你就得回忆，而如欲使你的回忆保留下来，那就需要用文字记载。

　　我跟别的老人一样，也喜欢唠唠叨叨自己，讲一讲自己的亲身经历。如果口头讲，别人不管愿听不愿听，出于敬重老者的缘故都得勉强听，但是一经写下来，看与不看就可以悉听自便了。最后（我还是自己承认了好，因为即使我否认，别人也不会相信的），写自传或许还会大大地满足我的自负心。说实在的，在生活中，抑或在书上，我很少看见或读到"我可以毫不自夸地说……"这样的开场白，但开场之后，紧接着就是一大篇自吹自擂的话。大多数人尽管自身喜欢虚荣，然而却看不上别人这般表现。我却对虚荣心强的人持宽容的态度，觉得这对他们本人以及他人并无坏处，有时还会产生积极的意义。我认为在许多情况下，一个人如果有虚荣心以及其他的一些精神慰藉，倒应该感谢上帝呢，一点也不奇也不怪。

　　提到上帝，我满心感激，感激他让我的一生幸福美满，感激他为我指点迷津，使我选择了正确的人生道路，最终获得了成功。虽然不该得寸进尺，但我仍希望能继续得到上帝的庇护，能继续享有幸福的人生，能继续遇到逆境而不气馁（在人的一生中，谁都会遇到逆境）。不知道未来会出现什么样的复杂情况，但我相信上帝一定会保佑我们,引导我们战胜一切艰难险阻。

我有一位伯父,他也同样爱好搜集家族中的珍闻逸事。一次,他交给我一些笔记,上面记载了一些与我们祖先有关的事情。我从中得知我们的家族曾在北安普敦郡①的艾克顿村居住过三百年——究竟在这以前还住过多少年,我伯父就不得而知了(也许,我们家族从采用"富兰克林"为姓那时起就住在该村,而"富兰克林"在这以前是一个阶层通用的姓——曾几何时,英国的每个阶层都有各自的姓)。我们家族当时曾拥有约三十英亩私田,以打铁为副业。按照家族的规矩,长子自小都要学习打铁,此风延续到我父辈亦然——我伯父及我的父亲都将自己的长子培养成了铁匠。我到艾克顿村查过记录,那儿只有自 1555 年以后村人婚丧嫁娶的记载,而以前的情况却无片言记录。经查,我是五代人里面么儿②的么儿。我祖父托马斯生于 1598 年,一直住在艾克顿村,直至年迈干不动活时才搬去随儿子约翰一道生活——约翰是牛津郡班伯里村的一个染匠,而我父亲跟他当学徒。我祖父后来老死于此,埋葬于此。我们于 1758 年曾到该村给他上过坟。他的长子托马斯一直居于艾克顿村的祖屋,后将房屋及田产留给了自己的独生女——他的独生女嫁给了韦灵伯勒地区的一个姓费希尔的男子,夫妻俩把家产卖给了伊斯德先生(此人成了那儿的庄园领主)。我祖父膝下共有四子——托马斯、约翰、本杰明和乔赛亚。关于他们,虽然我掌握的情

① 英国英格兰的一个郡。
② 最小的儿子。

况并不多，但我尽我所能陈述于此，如果我离开此处后这些文字没有遗失的话，你可以看到许多细节。

托马斯跟他父亲学了打铁，但是他秉性聪颖，当地教区的大绅士帕尔默老爷鼓励他求学上进（他的弟弟们也得到了同样的鼓励），于是他通过努力获得了充当公证人的资格，成为地方上有声望的人，也是他们村以及诺桑普顿镇公益事业的主要推动者，据说颇有作为，很受哈里法克斯勋爵的赏识和照顾。他于 1702 年 1 月 6 日离开人世，而我在四年后来到了人世。记得听艾克顿村的老人讲起他的生平和性格的时候，在场的人十分惊愕，觉得他跟我简直像极了。你要是听了，一定会对我说："假如他死于你出生的那一天，人们会以为你是他托生的呢。"

约翰学了染匠，可能是染羊毛制品吧。本杰明学的是丝绸漂染，在伦敦拜师受业。他是个非常有天赋的人，我对他有着很深的记忆，因为在我小的时候，他来波士顿投奔我父亲，在我们家住了几年。他后来寿终正寝，活了很大岁数。他的孙子塞缪尔·富兰克林至今还住在波士顿。他死后留下了两本四开本的诗稿，里面是一些写给亲友的即兴短诗，其中有一首是写给我的。他在速记方面自成一体，并向我传授诀窍，可我一直未实践过，如今已忘得精光。我的父亲给我起名的时候用的是这位伯父的名字，因为他俩的感情特别融洽。伯父是个虔诚的教徒，经常去听著名传教士的布道，并且把他们的布道词用他的速记法记下来，记了有好多本。他还是一个热衷于政治的人，也许就他的社会地位而言热过了头。最近，我在伦敦搞到一些他当年搜集的政治事务手册,手册的时间跨度是从1641年到1717年(从编号看,许多册已缺失,所存的有对开本八册,四开本和八开本二十四册)。一个旧书商人获得了这些手册,因为我有时候从他那儿买书,相互认识,于是他就将手册交给了我。看样子那些手册是我伯父在去美洲之前留在伦敦的,时间已过去了约五十年之久。在手册的空白处,他密密麻麻加了很多注解。

第二章　宗教改革风云变幻,移居新大陆

　　我们这一贫寒的家族很早就参加了宗教改革运动,在玛丽女王统治时期一直是坚定不移的新教徒,由于强烈反对教皇,时有遭受迫害的危险。他们有一本英语版的《圣经》①,秘密地藏起来,把它翻开用布带绑在一个折凳的凳面底部。我的高祖对着全家宣读经文时,就把折凳翻过来放在膝盖上,一页页地翻动《圣经》。他的一个孩子站在门口放哨,瞧见教会法庭的官吏走过来,就告诉家人。我的高祖得知后,便把折凳重新放好,又将《圣经》藏在凳面下。这是我从本杰明伯父那里听来的。直到大约查理二世统治的末年,全家还是一致地信奉国教。但是那时候,有一些牧师在北安普敦郡秘密集会,因为不信奉国教教条而被开除教籍,后来本杰明和乔赛亚改信了非国教,一生信守不渝,家里其他的人则仍然继续信奉国教。

---

　　①　天主教的《圣经》是拉丁文的,富兰克林的家族信奉新教,所以采用英语版的《圣经》,而这在当时是不被允许的。

我父亲乔赛亚结婚早,大约在 1682 年带着妻子和三个孩子来到了新英格兰①定居。当时,非国教的宗教集会在英国受到法律的禁止,时常受到干扰,因此我父亲的好友中有一些要人便产生了移居美洲新大陆的念头,劝我的父亲同行,期望能在新大陆享有宗教信仰的自由。抵达新英格兰后,我父亲跟原配又生了四个孩子,后来跟第二个妻子又生了十个,共十七个孩子。我记事的时候,吃饭时桌子旁围坐着十三个孩子——这十三个儿女长大成人后,各自婚嫁。我是幺儿,生于新英格兰的波士顿,底下还有两个妹妹。我母亲是我父亲的继室,名叫艾比亚·富尔加,是彼得·富尔加的女儿。我的外祖父属于新英格兰的第一批移民,如果我没有记错的话,科顿·马瑟②在他撰写的《国家宗教史》中盛赞外祖父是"一个虔诚而有学问的英国人"。听说外祖父曾经写过各种各样的即兴短诗,但是只有一首付印,我在好多年以前曾经读过。那首诗写于 1675 年,用当时民间流行的打油诗体裁写成,是写给当地执政当局的——该诗鼓吹宗教信仰自由,声援受迫害的浸礼会、教友会和其他教派,认为殖民地所遭受到的印第安人战争和其他灾祸是迫害教徒的后果,是上帝对这种重大罪行的判决和惩罚,奉劝当局废止那些残暴不仁的立法。整首诗在我看来写得简单易懂,流畅似行云流水。该诗的前两节我记不得了,只记得结尾处的最后六行,并据此判断他的批

---

　　① 美国最东北部地区。包括缅因、佛蒙特、新罕布什尔、马萨诸塞、罗得岛、康涅狄克六个州。

　　② 科顿·马瑟(1663—1728),清教思想家,多产作家。

　　　　　　　　　　　　　　　富兰克林自传

评是出于善意,因此不需要隐匿他的真名实姓:

> 我讨厌暗箭中伤,
>
> 讨厌造谣诽谤,
>
> 明人不做暗事——
>
> 我现住舍本镇上,
>
> 名叫彼得·富尔加,
>
> 出于真诚,心中坦荡。

　　我的哥哥们都拜师学艺,各干各的行当。我的父亲认为我是诸子中的佼佼者,打算等我长大后让我供职于教会,于是在我八岁时将我送进了文法学校①就读。我少年早慧,小小的年纪就能读书了(我甚至都记不得自己还有过读不懂书的时候)。我父亲的朋友们都认为我将来一定会成为一个大学者,纷纷鼓励我父亲好好培养我。我伯父本杰明也赞成我念书,说如果我愿意学速记,他可以将他用速记法记录下的布道词全部赠送给我,也可能是想让我以此作为探索学问的敲门砖吧。刚进文法学校,我的水平属于中等,但不久就成了优等,跳级升入二年级,有望在年底升入三年级。然而,就在这不到一年的时间里,家里的情况出现了变化——我父亲由于该校学费高昂,家里人口多,有点吃不消,同时看到许多受过大学教育

---

　　① 指重点综合学校。

的人日后穷困潦倒(这是他当着我的面对他的朋友们讲的),于是改变了原先的计划,带我离开文法学校,把我送进了一所写作与算术学校。该校的校长是大名鼎鼎的乔治·布朗纳先生。他在办学方面成就斐然,对学生循循善诱。在他的教导下,我很快就掌握了精湛的写作手法,但是算术却不及格,没有取得任何进展。十岁的时候,我的父亲命我回家帮他打理生意,制造和销售蜡烛、肥皂——这并非他的本行,但是到了新英格兰,他发现染色业生意清淡,需求量极小,不能维持一家的生活,于是毅然改了行。我干的活是剪烛芯、灌烛模、照管店铺和跑腿等杂务。

我讨厌干这一行,一心想当个航海家,但我的父亲死活不同意。不过,近水楼台先得月,由于住在海边,我老早就学会了游泳,并精通驾船。跟其他孩子一道驾船,他们常常愿意听命于我,特别是在遇到风浪的时候。即使不驾船,我也被尊为孩子头,有时会将他们带入窘境。此处不妨举一例,说明我少年时有心办好事,却会弄巧成拙,好心没办成好事。

我们那儿有个磨坊池塘,旁边则是一片盐沼①。涨潮的时候,我们常常站在盐沼边钓鱼,结果把那儿踩得坑坑洼洼。我提议就地取材,在此处建一个可以立脚的小码头。当时我指着盐沼边的一大堆石块(那是用来盖新房的),说那些材料很适合建码头。傍晚时分,建筑工地的工人下班后,我召集来了几个小伙伴,像蚂蚁搬家一

---

① 含有大量盐分的沼泽。

样开始搬运石块,遇到大的石块就两三个人抬,将那些石块搬运一空,建成了我们的小码头。第二天早晨工人们不见了石块,不由大吃一惊,后来才发现他们的石头成了我们码头的建筑材料。经过一番调查,他们发现我们是肇事者,于是就向我们的家长告状。结果,有几个孩子受到了家长的惩戒。我向我的父亲申辩,强说这是件好事,而他说:假如手段不诚实,任何事情都不能算是好事。

第三章　自小培养良知，勤奋立身之本

你也许想了解一下我父亲其人以及他的个性吧？他体格强健、中等身材，长得很结实，力大无穷，很有天赋，擅长丹青，略通音律，嗓音清晰悦耳。有时候干完一天的活，他会拿起小提琴自拉自唱，唱上几段赞美歌的曲子，余音袅袅。他在机械方面也很有天赋，有时操作非本行业的工具也能做到运用自如。但他最大的长处是在处理重大问题时英明果断，表现出深刻的见解和正确的判断，无论是私事还是公务均如此。其实，他从不参与行政管理方面的事情，因为家里孩子众多，需要他去教育，家境又困难，于是只好以养家糊口为本。不过，我清楚地记得常常有地方上的名人来向他请教，求他为镇上的事务以及教会的问题出谋划策，对他的看法和建议颇为尊重。邻里之间出现纠纷，遇到难解的问题，常请他剖断。他常常喜欢邀请有见识的朋友或邻居来家里吃饭，跟他们谈古论今，议论的都是些增加智慧的话题，让他的孩子从中受益。他让我们注意到:立身处世应该有善良和正直的品德以及审慎的生活态度,而不应该注重物质享受——至于饭菜香不香、口味好不好、自己喜欢不喜欢,都不应该过于挑剔。所以,我长大后完全不关心物质享受,根本不理会自己面前摆的是什么食物,嘴里吃的是什么饭菜。直到今日,饭后过不多久,如果你问我刚才吃的是什么东西,我可能会回答不出来。出门旅行,有些旅伴平时吃饭挑肥拣瘦,途中吃不到可口的饭菜,会觉得很不开心,而我的饮食习惯令我受益匪浅。

我母亲也有健壮的体格,用自己的乳汁养大了十个孩子。我从未见我的父母害过病,直至生命的尽头——我的父亲卒于八十九岁,我的母亲卒于八十五岁,二人合葬于波士顿。几年前我在他们的墓前立了一块大理石墓碑,上面铭刻着如下的碑文:

乔赛亚·富兰克林和他的妻子艾比亚合葬于此

同结连理五十五年,
相亲相爱无悔无怨,
既无高俸厚禄又无田产,
靠的是劳动和勤勉,
承蒙上帝保佑,
一大家人生活安然,
养大了十三个孩子和七个孙女孙子,
值得称赞。

见此碑者当以他们为样板，

在工作中勤勉肯干，

相信上帝和苍天。

乔赛亚是个虔诚谨慎的好儿男，

艾比亚又贤惠又能干。

他们的幺儿立此碑以示纪念

乔赛亚·富兰克林生于 1655 年，卒于 1744 年，享年八十
九岁。

艾比亚·富兰克林生于 1667 年，卒于 1752 年，享年八十
五岁。

恕我写了这许多题外话，啰里啰唆的，可能是年纪大了的缘故
吧。想当初，我落笔成文，均条理清晰。不过，写家书与写公函毕竟
有所不同。所以，这也可能是因为写家书的时候比较随便吧。

言归正传：我帮助父亲打理生意达两年之久，转眼便到了十二
岁。此时，本来也经营家族生意的哥哥约翰结了婚，离开家门去了
罗得岛①，在那儿自立了门户。这下子，我注定要接替他的位置，成
为一个蜡烛制造匠了。但由于我一直都不喜欢这个行当，父亲觉得
如果不给我找一个我感兴趣的工作，我会像他的儿子乔赛亚一样离

① 现为美国的罗得岛州。

家出走去当海员的，那会叫他伤透心的。因此，他有时会带我出去转悠，看木匠、砖瓦匠、操作工、铜匠等能工巧匠干活，以便观察我的志趣，力图让我对陆地上的某个行当产生兴趣，免得跑到海上去。从那时起，我就喜欢上了观看别人干活，看那些能工巧匠怎样使用工具，从中获益匪浅，学到了许多东西。当家里有修修补补的小活要干，一时找不到工匠时，我就动手自己干。当时，我热衷于搞试验，于是就制作了一些小器械，专门用于试验。最后，父亲决定让我从事刀剑制造业。我伯父本杰明的儿子塞缪尔在英国学的是这一行，此时已在波士顿开了业。于是，父亲把我送去跟他干，看我会不会在这一行有长进。谁知塞缪尔竟要向我收学徒费，于是父亲一怒之下又把我带回了家。

我从小就爱书如命，将所有的零用钱都花在了买书上。由于喜欢看约翰·班扬①的《天路历程》，我开始收集他的作品，陆陆续续收集了许多小册子。后来我忍痛割爱将小册子卖掉，为的是用卖书的钱购买柏顿的《历史文集》（全集共有四五十册，小开本，价钱不贵）。我父亲藏书不多，基本都是些宗教神学方面的书，其中大多数我都看了。现在想起来我总觉得有点遗憾，因为正当我求知欲旺盛的时候却读不到心仪的书——当时我已决定不当牧师，所以对神学方面的书不太感兴趣。那些藏书里有一本普卢塔克②的《希腊罗马名人比较列传》，我捧读再三，至今仍认为花在上面的时间是非常值

---

① 英国著名作家，其代表作是《天路历程》。
② 古希腊作家、哲学家、历史学家，以《希腊罗马名人比较列传》一书闻名后世。

得的。藏书里还有一本笛福①的《论计划》，以及马太博士的《论行善》——这两本书影响了我的思维方式，后来深深影响了我对重大事件的决策。

由于我爱书，父亲最终决定叫我学印刷业，虽然他已经有了一个儿子（詹姆斯）学了这种行业。1717年我哥哥詹姆斯从英国回来，带来了一架印刷机和一套铅字，准备在波士顿开业。我对印刷业的爱好远胜过帮助父亲打理生意，但心中仍对航海念念不忘。为了防患于未然，打消我的这个念头，父亲迫不及待地想让我跟哥哥学徒，签订师徒合同。我当时还有点不死心，但最后还是同意签了。这时，我只有十二岁。按照合同，我将充当学徒直到我二十一岁时为止，最后一年可以享受熟练工的待遇。很短的一段时间，我就熟悉了印刷业，成了哥哥的左膀右臂。这时，我总算有机会接触好书了。我跟一些书店的学徒交朋友，有时从他们那儿借书看，每次都做到好借好还，还的书都干干净净的。有时傍晚时分借书，第二天一大清早即须归还，怕的是耽误别人的事，于是我就挑灯夜读，一读就是大半夜。

---

① 英国著名作家，其代表作是《鲁滨孙漂流记》。

第四章　求知若渴,读书上进

过了一些时候,一位经常来我们印刷厂的商人注意到了我。他是个很有眼光的人,名叫马修·亚当斯。他家藏书可谓汗牛充栋,他邀我到他的藏书室里去,好心地借给了我一些我心仪的书。这时我爱上了诗歌,写了几首小诗。我哥哥认为写诗可能以后有用,于是大加鼓励,还命我写了两首应时的歌谣。一首叫作《灯塔悲剧》,叙述沃茨雷克船长和他的两个女儿溺毙的故事。另一首是水手歌,叙述捉拿海盗梯奇(绰号"黑胡子")的经过。两首歌谣都是涂鸦之作,属于市井风格的小调,印出后,他让我拿到镇上叫卖。第一首销路很好,因为它所叙述的是新近发生的、轰动一时的事件。这让我沾沾自喜,但是我父亲却给我泼冷水,对我冷嘲热讽,说诗人一般都是穷光蛋。这样,我也就放弃了当诗人的努力(即便当了诗人,也可能是个登不了大雅之堂的)。不过,写文章却是很有用的,在我的一生中大有用武之地,是我谋求发展的重要途径,鉴于此,我想花些笔墨讲一讲我是如何掌握这门小小技能的。

话说在我们镇上还有一个喜欢读书的孩子，名叫约翰·科林斯，我俩是好哥们。有时候，我们在一起进行辩论，而且乐于此道，争得面红耳赤，非得驳倒对方不可。顺便提一句，这种爱争辩的癖好，很容易发展成为很坏的习惯。为了驳倒对方，你得提出相反的观点，结果会导致令人不愉快的局面出现。这样的辩论不仅会使你们的谈话充满火药味，破坏谈话的气氛，还会引起厌恶感，使得你们化友为敌，结下仇怨。我这种爱好争辩的习气是从阅读我父亲的那些有关宗教辩论的书籍中得来的。后来我发现，除了律师、大学生以及在爱丁堡受过训练的五花八门的政治家，但凡有头脑的人是很少沾染这种坏习惯的。

有一次，不知怎么，我和科林斯针对女性是否应该接受教育以及她们是否具有学习的能力展开了唇枪舌剑的辩论。他认为女性不应该接受教育，认为女性不具有学习的天赋，而我则持相反的观点（我这样做也可能只是想跟他较真罢了）。他天生一副好口才，而且词汇丰富，有时候我觉得他之所以能压倒我，是因为他辩论时口若悬河，口才胜我一筹，而不是因为他的论据有多么充分。那次，我们分手时也没有争出个黑白来，而在一段时间里又见不成面，于是我就将自己的观点写下来，誊清后寄给了他。他回信后，我又寄去了一封。这样，双方交换了三四次信件。一天，我父亲偶然看见了我的信札，读了一遍，虽然没有对我们的论战做出评判，却利用这个机会跟我谈起了写作的事情，说我的书写固然胜过对方（这得归功于印刷厂），但措辞不够雅致，叙事条理不够清晰，这些方面远远逊色于对方。为此，他还列举了几个实例，让我心服口服。我觉得他的评价是很公正的，从那以后就特别注意自己的写作，决意要在这方面有所作为。

大约在这时候，我偶然看到了一本《观众》①，那是该刊物的第三期。以前我从未见过这杂志，当时便买下了，拿回去读了又读，心头大畅。我觉得杂志里的文章篇篇都写得花团锦簇，恨不得能将那样的本事学到手。有了这心思，我便抽出几篇文章，记下段落大意，搁置上几天，然后不看原书，用我自己想得起来的合适词句把原文的意思表达出来，又凑成整篇的文章，使它跟原文一样完整。然后，我把我模仿出的《旁观者》与原来的比较，发现缺点便顺手改过。修改时，我才发现自己词汇贫乏，往往难以找到合适的字眼。我心想：假如我继续写诗的话，我的词汇一定会丰富得多，因为创作诗歌时，我必须时时寻找具有同样意义而有不同长度的词去适合诗的韵律，或是寻找不同音素的词去凑韵脚，这就迫使我不断地搜索具有不同形式的同义词，会有助于我记忆并掌握它们。于是，我把一些文章改写成了诗歌，等上一段时间，等到快要把原文的意思忘掉的时候，再将诗歌还原成文章。有时，我会故意把记录下的文章意思搞乱，过几个星期后再重新组合，然后遣词造句，写出完整的文章。从中，我要学的是如何重新组织思路。将自己的文章跟原文做比

_____

① 关于英国政治的杂志。

较,我发现了许多不足之处,一一做了更正。但有时我会不无惊喜地看到自己的行文竟幸运地在某些地方(或在写作手法上,或在语言表达上)优于原文,信心倍增,觉得自己说不定有朝一日会成为一个挺不错的作家(这可是我日思夜想的事情)。无论是写作还是读书,我都是在夜间进行(此时,一天的活已经干完,而次日的工作尚未开始)。每逢星期天,父亲都会催促我去教堂做礼拜,我自己也觉得这是我应尽的义务,可又觉得时间紧迫,容不得让岁月蹉跎,于是能躲就躲,溜进印刷厂写作和读书。

大概在十六岁的时候,我偶然看到了一本宣传素食的书,作者是一个叫特赖恩的人。我决定将这种观点付诸实施。当时,我哥哥尚未结婚,无人主持家务,于是就找了一户人家,带着徒弟们到那户人家吃包饭。我不吃荤食,给大家造成了麻烦,他们都怪我太讲究、太挑剔。我读了特赖恩的书,学会了他烹饪食物诸如煮山芋、熬稀饭、做简易布丁等的方法,于是便向哥哥提出自理伙食,说每星期给我一半伙食费即可。他很痛快就答应了。不久我就发现,我自理伙食,把他给我的钱能省下一半。这又是一笔可以用来买书的钱。除此之外,还有一个好处在等着我。到了吃饭时间,哥哥带着学徒去吃包饭,印刷厂里就剩下了我一个人。我吃饭又简单又快捷,无非是一块饼干(或一片面包)、一把葡萄干(或是从面包铺买来的一块果馅饼)和一杯清水,然后趁着他们没回来埋头学习。由于吃素食和喝清水,我觉得思维敏捷、头脑清晰,学习进度大大加快。

第五章　文坛小试牛刀,兄弟之间出现裂痕

以前一接触算术我就束手无策,内心感到惭愧,上学时曾两次考试不及格。这时,我找来考克的《算术学》,把它从头到尾学了一遍,觉得十分容易。我还读了赛勒和雪米的《航海学》,学了一点书中包含的几何学知识,但只学了一些皮毛,没有深入研究。大约在这个时候,我还读了洛克的《人类悟性论》和波尔洛亚尔派诸子所著的《思维术》。

正当我一门心思要改进我的修辞手法时,我偶然发现了一本英语语法书(作者大概是格林伍德吧?)。这本书的后面有两篇关于修辞法和逻辑学的简短介绍——在那篇关于逻辑学短文的结尾处引用了苏格拉底辩论时的逻辑推理作为实例。此后不久我就买到了一本色诺芬的《苏格拉底的重要言行录》,里面有许多这样的实例。我不由着了迷,决定改弦更张,放弃原来的那种生搬硬套的辩论方法和独断式的立论,而采取谦虚的态度,以提问和请教的方式

发难。在读了沙夫茨伯里和科林斯的作品以后,我对于我们的教义处处存疑,用这种方法提出了许多疑问。我发现用此法可以稳扎稳打,令对手陷入窘境,于是便喜欢上了它,越用越熟练,达到了炉火纯青的地步,甚至叫那些满腹经纶的对手也不得不让步——他们压根想不到自己竟会一败涂地,竟会落入我的圈套,陷于不可自拔的境地。我一路凯歌、势如破竹,但我知道这种胜利是我不应该得到的,于是在用此法得意了几年之后便弃而不用了。在以后的辩论中,我只保留了那种谦虚的姿态和委婉的措辞,在提出任何可能会引起争论的观点时,从不说"一定""无疑"或其他语气坚定的词,而只说"我想是这样的""我觉得恐怕如此""理应这样""这仅是我的看法""假如我没有弄错的话,就是如此"这类温和的话。我相信这个习惯对我非常有益。说到底,辩论的目的无非是以理服人,表达你的观点,让对方接受你推进某项事业的倡议,还不就是想叫对方顺你之道而行之。在此,我奉劝那些心怀善意的人,劝人行善时千万不要采取独断专行、自以为是的态度,因为那样只会叫他们的善意大打折扣,引起听者的反感,激发抵触的情绪,结果弄巧成拙,好心办坏事,达不到交流思想、促进友谊的目的。假如你一定要用不容置疑、武断专行的方式对人讲话,很可能会激化矛盾,对方也就不可能跟你以坦诚相见。如果你希望学习别人之长,却又固执己见,说出的话头很硬,而对方是个谦谦君子,不喜欢跟人争论,那他很可能会不屑搭理你,会飘然而去,哪还会理会你的观点错与不错。如此这般,即便你磨破嘴皮子,也很难指望听者欢心,很难赢得对方的信服。蒲柏①说得好：

> 说话委婉，以理服人才是正道，
>
> 别人有不到之处，慢慢开导。

他还说过这样的话：

> 即便你自己深信不疑，
>
> 说话时也应该谦虚。

他在别的诗篇里有一句话，我觉得跟上两行连在一起更合适一些：

> 不谦虚就是没道理。

如果你问为什么将这一句放在此处更合适，我不妨把原诗那两句列出来供你比较：

> 说话武断，就是不容置辩，
>
> 不谦虚就是没道理。

_____

① 18世纪英国最伟大的诗人。

不能以理服人(做不到这一点,实在可悲)不就是因为不谦虚而导致的后果吗？这样连词组句难道不更合适一些吗？

　　说话不应该武断,应该容别人置辩,

　　不谦虚就是没道理。

不过,这仅仅是我的一己之见,值得商榷。

在 1720 年(或者是 1721 年吧),我哥哥开始出版报纸了。这是在美洲殖民地出现的第二份报纸,叫作《新英格兰报》。之前,《波士顿新闻信》[1]是唯一的一家报纸。记得我哥哥的朋友中有人认为他不可能成功,劝他放弃,因为他们认为殖民地已经有一家报纸了,而一家就够了。现在(1771 年)已今非昔比,起码有二十五家报纸。我哥哥没听朋友们的劝告,仍按原计划进行,给报纸排了版,印刷出来,然后派我到镇上把报纸送给各个订户。

他的朋友中不乏文人墨客,常常以为他的报纸撰稿作为消遣,结果让他的报纸名声大振,销售量逐渐增加。那些撰稿人常来印刷厂闲聊。从他们的谈话中,我得知读者很喜欢他们的文章,便觉得心里痒痒,也想试试自己的文笔。可我毕竟是个小孩,生怕哥哥发现是我写的东西,会拒绝出版。于是我就改变笔迹,写了一篇匿名

————————

[1]　该报创办于 1704 年 2 月 24 日。

文章,夜间放在印刷厂的大门底下。第二天早晨我哥哥看到了,当那些为他撰稿的朋友照常来访时,他就把稿子交给他们过目。那些朋友看了稿子,我听见他们赞不绝口。接着,他们开始猜测写稿人是谁,猜来猜去,提到的全都是些满腹经纶、才华横溢的人,这叫我感到心花怒放。当时,我觉得他们慧眼独具,都是些很有眼力的人,但现在回想起来却觉得我只是幸运罢了,碰上了那几个人鉴定我的文章,也许他们并非真的很有眼力。

自此,我大受鼓舞,又写了几篇文章,以同样的方式投稿,次次都命中。对这件事我一直秘而不宣,后来实在忍不住了,才将这层纸戳破,顿时就让哥哥的朋友们另眼相看。哥哥却有点不高兴,觉得这会增加我的虚荣心(也许他这样想自有理由吧)。这个时候,我们之间出现了裂痕,也可能这是其中的一个原因。他认为自己是哥哥固然不错,但也是我的师傅,所以指望我跟其他学徒一样对他唯命是从。我却觉得他对我太苛刻,要求过于严格,认为他作为兄长应该宽容一些才对。我们常常把矛盾摆到父亲面前,叫他评理。不只是因为我占理,还因为我能言善辩,反正父亲评理时一般都站在我的一边。但哥哥脾气急躁,动辄便对我拳脚相加,让我怀恨在心。我只恨学徒期太长,巴不得有机会能将其缩短(后来,这一机会果真来了,是以一种意想不到的方式出现的)。哥哥对我粗暴无礼,像个暴君一样,让我十分反感——我终生反对强权,这恐怕就是一个起因。

第六章　天有不测风云,被迫离开家门

《新英格兰报》上有一篇文章针砭时弊(题目我现在记不起来了),触怒了地方议会。议长签发了一张逮捕令,抓走了我哥哥,对他提出控告,判了他一个月的徒刑(可能是因为他不愿供出文章作者的缘故)。他们也逮捕了我,在议会审问了我。我的回答虽然让他们不满意,但他们无可奈何,教训了我几句就放我走了(也许,他们觉得我是个学徒,有责任为师傅保守秘密吧)。

尽管我和我哥哥不睦,但我对他身陷囹圄十分愤慨。在他坐牢期间,我主持报务,利用报纸勇敢反击,对我们的统治者冷嘲热讽,叫哥哥备感欣慰。其他人则不然,对我产生了不好的看法,认为我虽有天赋,但喜欢讽刺挖苦人。哥哥出狱时,地方议会对他颁布了一道禁令(一道十分奇葩的禁令),"禁止詹姆斯·富兰克林继续出版《新英格兰报》"。

鉴于这种情况,我哥哥把他的朋友叫到印刷厂开了一次碰头会,商量何去何从。有人提议偷梁换柱,改变报纸的名称,但我哥哥认为这样做多有不便。最后,他们做出了决定,认为最好的办法是用我的名字"本杰明·富兰克林"出版这份报纸。为了避免议会找麻烦,说我哥哥在利用徒弟的名义出版报纸,他们觉得应该把我和哥哥的师徒合同还给我,在背面写明一切义务完全解除,在必要时我可以拿出来给人看。为了保证我今后继续为哥哥服务,我得签一份新合同,一直到我的学徒期满(这个合同将不予公开)。这实在只是个权宜之计,但我们没有懈怠,立刻行动了起来。就这样,《新英格兰报》以我的名义继续出版,达数月之久。

谁知就在这时,我和哥哥之间再起风波,又出现了兄弟阋于墙的现象。我觉得他不敢拿出新合同来,于是就坚持说自己是自由人,没必要再为他打工。我这样做是乘人之危,显然有失公道(我认为这是我少年时期犯下的一个大错)。但是由于他脾气暴躁,对我不是打就是骂,惹怒了我,我也就不管什么公道不公道了。不过,他也不是一个天性恶毒的人,可能都怪我太咄咄逼人、太惹人生气了吧。

当他知道我要离开他时,他就四处活动,到镇上的各个印刷厂打招呼,关照了每一个老板,不让他们雇用我,结果我处处碰壁。最后,我决定到纽约去碰运气,因为那里有一家印刷厂,并且离波士顿最近。再说,我觉得自己已成了当地政府的眼中钉肉中刺。从地方议会对我哥哥的独断专行来看,我也不会有好果子吃,假如不赶快走人,用不了多久便会大祸临头。还有一点:在涉及宗教问题上我出言不逊,虔诚的教徒们早已对我心怀恐惧,将我视为异教徒和无神论者了。左思右想,我觉得三十六计走为上计,不如离开波士顿,远走高飞。我决心已定,但这一次父亲站在了哥哥一边,不愿让我走。我心想:假如我明目张胆地走,势必会遭到阻挠。我的朋友科林斯替我想出了一个金蝉脱壳计。他找到一个纽约来的船长,说我是他的朋友,让一个不良少女怀上了身孕,少女的亲友逼我娶她,于是我不敢公开露面,只好偷偷地乘船一走了之。就这样,我卖掉了一部分书籍筹集了一点盘缠,神不知鬼不觉地上了船,一路顺风,三天后便到了纽约。我当时年仅十七岁,便到了一个离家几乎三百英里之遥的地方,囊中羞涩、举目无亲。

我对航海的愿望已经淡漠,不然此时正是实现这一愿望的时候。不过,我是个有手艺的人,并且自以为是一个很好的技术工人,于是便去找当地的印刷厂老板威廉·布拉德福老先生(此人原在宾夕法尼亚从业,在那儿开了第一家印刷厂,后来跟牧师乔治·基思结怨才搬到了纽约来)。可惜他生意不景气,人手已经够用了,不能雇用我。但是他说:"我儿子在费城开业,最近他的主要帮手阿克拉·罗斯病逝了。假如你到那里去,我相信他可能会雇用你。"费城离纽约有一百英里的路程。但我还是毅然地去了,乘一只小船前往安博伊,行李随后由别的船托运来。

在横渡海湾时,突然刮起了大风,将破旧的船帆撕成了碎片,让我们的船不能按原来的航程航行，却把船向长岛①吹去。途中，同船的一个荷兰乘客喝得烂醉如泥，失足坠入了海中。眼看他朝下沉去，我一伸手抓住了他乱蓬蓬的头发，把他朝上拽，最后总算将他救上了船。由于浸了水，他清醒了一些，从口袋里拿出一本书，要我替他去弄干，然后就去睡大觉了。我一看原来是我心爱的作家班扬的《天路历程》，荷兰文版，用上等纸精印，附有铜版插图，装帧之美超过了我见过的所有英文原版。后来我发现《天路历程》已经译成了欧洲大多数的语言，读者之众恐怕令所有的书都望尘莫及，也许只有《圣经》能与之媲美。约翰·班扬开了先河，将叙事和对话融为一景，使读者有身临其境之感，引起读者的浓厚兴趣，读者的心情随着故事的情节跌宕起伏。笛福的《鲁滨孙漂流记》《摩尔·弗兰德斯》《宗教的求爱》和《家庭教师》等作品，也模仿这样的写作手法，并获得了成功。采用此法的另外还有理查孙的《帕米拉》等，不一而足。

在靠近长岛时，我们发现无法在该地登陆，只见海滩上乱石丛生，岸边波翻浪涌。我们抛了锚，但船身摇摇晃晃，一个劲向岸边挣扎。有几个人跑到了岸边，对着我们大声喊叫，我们也冲着他们喊。可是由于风太大、浪太急，谁都听不清对方在喊什么，不明白对方的意思。岸上有划子，我们边打手势，边呼喊他们用划子来接我们，但是他们不知是没明白我们的意思，还是觉得这事根本做不到，反正

① 美国东岸纽约市东南的岛屿。

他们竟然走掉了。夜幕降临，我们无计可施，只好等风势小了再做计较。这时，我和船老大决定去休息，看是否能睡一会儿，于是便钻进那小小的船舱，跟那个浑身湿透的荷兰人挤在一起。海浪击打在船头上，不时有浪花落在我们身上，没多久便将我们浑身浇透，使得我们像那个荷兰人一样成了落汤鸡。我们就这样躺了一夜，根本就没合眼。不过，次日风势总算小了，我们继续向安博伊进发，试图天黑前抵达那儿——在海上漂了三十个小时，船上既无食物，又无饮用水（只剩下了一瓶劣质朗姆酒，而腥咸的海水是不能喝的）。

第七章　天涯沦落人,异乡求生记

　　当天晚上,我发起高烧,上床睡了。我记得在哪本书上看过,说大量饮凉开水可以治疗发烧,于是我就照着做了,出了大半夜的汗,烧也跟着退了。第二天早晨,我乘渡船上了岸,然后徒步向五十英里开外的伯灵顿①走去,据说那儿有船,上了船便可以到费城去了。

　　这天,老天爷下了一整天的大雨,我被浇得浑身湿透。中午时分,我累到了极点,于是就在一家寒碜的小客栈歇了下来,夜间心里想个不停,感到有点后悔,觉得自己不该离开家乡。此时的我要多惨有多惨。从别人的问话中,我觉得他们怀疑我是一个私逃的仆役,大有因此而遭逮捕的危险。不过,我并没有退却,次日又踏上了旅途,傍晚时分住进了一家旅馆。吃饭的时候,旅馆老板布朗先生跟我闲聊了起来。他发现我有一点学问,话头便多了,显得十分友

---

　　①　现为美国佛蒙特州最大的城市。

好。后来,我俩成了朋友,一直到他去世,始终保持着友谊。他曾经当过医生,可能是一个游走四方的江湖医生吧,因为他说起英国的村镇或欧洲的国家时如数家珍,没有不知道的。他略通笔墨,有几分才华,只是不太相信基督教的教义,我们分别几年后他别有用心地将《圣经》滑稽化,改成打油诗,就像可顿改写维吉尔①的诗那样。经他一改,《圣经》中的许多故事显得十分荒唐可笑。幸亏他的歪作没有出版,否则很可能会对缺乏虔诚心的人产生不良影响。

我在这家旅馆住了一夜,第二天上午到了伯灵顿。可是,我却发现就在我抵达那儿之前不久,去费城的船已经开走了,于是感到心灰意冷。那天是星期六,要等到下星期二才有开往费城的航船。无奈,我又回到了城里一位老太太的家里(这之前,我买过她一些姜饼,准备到船上吃),向她请教应当怎么办。她邀我住在她家,等候船只。我走了许多的路,已经累得不行,便接受了她的邀请。她听到我说自己是个印刷匠,就劝我留下来办印刷厂,可她哪里知道办工厂是需要启动资金的。她对我非常热情,慷慨地请我吃了一顿牛肉丁大餐,我请她喝啤酒,她也只喝了一杯。当时,我觉得自己被困住了,非得等到星期二不可了,谁知傍晚在河边散步却发现了一条到费城去的小帆船,船上已经有了几个乘客。他们让我上了船,因为没有风,我们只好用桨划船。到了午夜时分,仍不见费城的踪影,有人就认为一定是划过了头,不愿再朝前划了。其余的人则糊里糊

---

① 古罗马伟大的史诗诗人,其代表作是《埃涅阿斯纪》。

涂,不知道究竟到了哪里。于是我们就决定先靠岸再说,接着把船划进一条小河浜,在一道旧木栅旁边登了岸。十月的夜晚非常冷,我们将木栅栏拆掉生了火,坐等天亮。这时,有人认出此地叫库伯浜,在费城偏北不远的地方。我们的船一划出小河,就远远看见了费城,于星期日早晨八九点钟到了那里。然后,大家在市场街码头上了岸。

对于旅途中的经历,我花了许多笔墨加以描述,而对于初到费城时的情景也要详细形容。看了这样的情况,再看看我以后是怎样风光,你会觉得一前一后有天壤之别。当时,我穿的是工作服(体面的衣服随后才能托运来),风尘仆仆,衣袋里塞着衬衫和袜子,举目无亲,连个安身的地方也没有。由于走路和划船,没有片刻的休息时间,我累得浑身发软,饥肠辘辘,钱囊里只是一元荷兰币和约值一先令的铜币。我把铜币付给船主作为船钱,起初他硬是不肯收,说我划船就算付了船钱,可我非得让船主收下不可——没钱的人偏偏比有钱的人还大方,也可能是怕别人笑他穷酸吧。

我走在街头,东张西望,在市场跟前遇见一个手拿面包的小孩。以面包当饭,我不知吃了有多少顿了,于是便问他在哪儿买的。按照他的指引我立刻寻到了第二大街的那家面包店,开口说要买波士顿的那种饼干,可费城好像不做那种饼干。我便改口要买三便士的长面包,对方说也不卖这种面包。我心想大概是这儿用的钱不一样,或者是要买的东西太便宜,要不就是名称不对,于是就让店主随便给我三便士的东西果腹。他给了我三个鼓鼓囊囊的大面包圈。

我没想到量这么大，但还是接了过去。衣袋里没有地方装这么多面包，于是我两个胳肢窝各夹一个，嘴里吃着一个走了。走过市场街，来到第四大街，我从里德先生（此人以后成了我的岳父）家门口经过时，他瞧见我，觉得我样子狼狈、可笑（实情如此）。我没理会，继续行路，经过栗子大街，来到核桃大街的地段，一路啃着面包。结果，我绕了一圈又回到了市场街的码头，站到了我来时乘的那条船的跟前，于是从河里取了些水喝。这时，一个面包已经咽下了肚，我便随手把另外两个面包给了一对母子——他们来时跟我同船，正等着继续往前航行。

肚子里有了食，我信步又走上了街头。此时街上有许多人，穿戴得干干净净，都朝着同一个方向走去。我夹裹在人流里，跟着走进市场附近教友会的教堂。随大家坐下来后，我四周张望了一阵子，至于别人讲什么听也没听。由于沿途劳累，加之头天夜里缺乏睡眠，一股困意袭上来，我便呼呼大睡了起来，一直睡到祈祷会结束，一个人好心地将我叫醒。这座教堂成了我来费城后待过的（或者说睡过的）第一个房屋。

　　　　　富兰克林自传

诗人。凯默自己也写诗,但写的诗难登大雅之堂。其实,他写的根本算不上是诗,心里想什么就写什么,完全是平铺直叙的涂鸦。当时,他的厂里没有排印的样板,只有两个活字盘,而印刷挽歌很可能会用上全部的铅字,身边无一人可以帮他解决问题。我设法把他的印刷机(该机他尚未用过,根本不知道怎么用)调整了一下,使它适合于印刷,答应等他把挽歌一排好,我就来印刷。随后,我回到了布拉德福印刷厂,在那儿暂时干了些零活,并在那儿住宿和吃饭。过了几天,凯默派人来请我去帮他印挽歌。这时,他已经又搞到了两个活字盘,说还有一个小册子需要重印,也要请我帮忙。

我发现这两个印刷厂的老板对自己的行当很不称职——布拉德福原来不是学印刷的,而且文化程度很低;凯默虽然有点学问,但只能排字,不懂印刷。凯默曾经是个狂热的法国先知派信徒,自言能先知先觉。如今,他已不具体地信哪门教派,而是见风使舵,哪一门都沾点边。他完全不通人情世故,后来我发现他的性格里还有点霸气。在他那儿工作时,他不愿意让我回到布拉德福印刷厂住宿。他倒是有房子,但房子里没有家具,无法留我居住,于是就安排我到里德先生家里寄宿(上面提到过此人)。此时,我的衣物等已经送来。人凭衣服马靠鞍,我换上衣服,在里德小姐的眼里显得体面多了,与她最初在大街上见到我吃着面包路过她家时的模样已判若两人。

这时,我有了自己的朋友圈,结识了一些喜欢读书的年轻人,傍晚跟他们在一起谈天说地,很是惬意。我勤奋工作,生活节俭,攒了点钱,过上了衣食无忧的舒心日子,尽可能忘掉波士顿,除了好友科林斯以外,不想让任何人知道我现在的住处。我给科林斯写信时,让他为我保守秘密。后来发生了一件事情,使我又回到波士顿,而且想不到竟然回得那么快。

我有一个姐夫名叫罗伯特·霍姆斯,是一艘航行于波士顿和特拉华①之间的商船船主。他在纽卡斯尔②(那儿离费城只有四十英里)听到了关于我的消息,便写了一封信给我,说我突然离家出走,让波士顿的亲友们十分操心,亲友们希望我能赶快回去,保证我只要回去,就一切都按我的心愿办理。他在信中苦口婆心地劝我,语气非常诚恳。我写了回信,对他的劝告表示感谢,同时列举了自己离开波士顿的种种原因,让他相信我并不是像他想象的那样不近情理。

我的信送到纽卡斯尔,交给霍姆斯船主时,特拉华的总督威廉·基思爵士碰巧在他跟前。霍姆斯就跟总督谈起了我,并让他看了我的信。总督读过信,问了我的年龄,觉得很惊讶,连连称赞我年轻有为,应当加以鼓励。他说费城的印刷业十分糟糕,假如我在那里开业,不愁不发达。他答应将公务方面的生意都交给我做,尽他所能为我提供一切方便。这是我姐夫后来在波士顿见到我时告诉我的。但在当时,我对此却一无所知。一天,我和凯默一块儿在窗口干活,突然看见总督和另外一位绅士(后来得知他是纽卡斯尔的

---

① 即现在的特拉华州。
② 现为美国特拉华州的一座城市。

弗伦奇上校)穿着华贵的衣服,穿过街道向我们这儿走来,接着就听见了敲门声。

第九章　贵人相助，衣锦还乡

　　凯默急忙下楼去迎客，以为是来找他的。但总督说是来找我的，跑上楼对我说了许多客气话，没一点贵人的架子，表现出一种我以前很不习惯的彬彬有礼的态度。他对我赞不绝口，说很愿意跟我结识，还温和地责怪我，说我当初一来费城就应该告诉他一声才对。他声称自己正要和弗伦奇上校到酒馆去，尝一尝那儿的马德拉白葡萄酒，邀请我跟他们一道去。我惊得不知所措，而凯默则瞪着眼呆若木鸡。不过，我还是陪着总督和弗伦奇上校走了，进了第三大街拐角处的一家酒馆。推杯换盏之际，总督劝我自己开业，说我很有可能获得成功。他和弗伦奇上校都向我保证：他们会利用他们的权位和影响力帮助我，把军政方面的印刷生意交给我做。我回答说不知道我父亲会不会资助我独立开业，威廉爵士说他可以给我父亲写封信由我转交给父亲，并断言一定能说服父亲。最后得出的结论是：一找到去波士顿的船，我就回波士顿，将总督的信交给我父亲。

　　　　　　　　　　　　富兰克林自传

一定要谦恭有礼,争取赢得一个好口碑,对别人千万不可讽刺挖苦、恶语中伤(他认为我有这种倾向和习惯)。他说,只要我坚持不断地努力,生活节俭,就可以在二十一岁时攒足开业的钱,如果不够,其余的钱由他资助。这就是他给我的临别赠言。除此之外,他和母亲还给了我一些象征着舐犊之情的小礼品和祝福。随后,我登船向纽约进发。

帆船停靠在了罗得岛的新港。我上岸后就去探望我的哥哥约翰。他结了婚,在这里已经住了好几年。约翰一直都很喜欢我,见了我十分热情。他的一个叫弗农的朋友在宾夕法尼亚有一笔欠款,大约是三十五镑,是别人欠弗农的。约翰要我代他收下这笔钱,并代为保管,以后接到他的通知后再决定怎么办。为此,他给了我一张汇票,让我到时候用。谁知这件事后来竟给我带来了麻烦,成了我一块心病。

第十章　好朋友几乎成了冤家

在新港,我们的船上又来了几个到纽约去的旅客,其中有两个年轻女子以及一个严肃、明智的教友派女信徒(此人一副贵妇人模样,随身带着仆从)。我对那位女信徒谦恭有礼,处处表现得很殷勤,颇得她的好感。后来,我跟那两个年轻女子也日渐熟稔了起来(那两个女子似乎很愿意跟我接触)。女信徒见状,就将我拉到一边说:"小伙子,我很为你担忧。你身边没有朋友,不太了解这个世界——年轻人往往会上当受骗的。相信我,她俩都是很坏的人,一举一动就能看得出来。如果不多长个心眼,你遇到危险就后悔莫及了。你跟她们素不相识,我好意劝你不要和她们交往,这都是为你好。"她见我对那两人似乎感觉并不是很坏,就把她看到和听到的一些情况讲给我听(这些情况我倒没有留意到),使我相信了她的话。我对她的忠告表示感谢,说自己一定会当心的。到达纽约时,那两个年轻女子给我留了地址,请我去探访她们,但是我没有去(也幸亏

第十三章　漂泊海外,英伦三岛谋生

真是无巧不成书,原来那个文具商人说的那个大骗子就是律师瑞德莱斯登,我和邓汉先生是都认识的。此人曾摇动三寸不烂之舌引里德小姐的父亲入彀,差点没叫他破产。从他的来信看来,他正在酝酿不可告人的阴谋,准备算计汉米尔顿(他似乎知道汉米尔顿也要来英国),而基思竟然也掺和了进来。邓汉是汉米尔顿的朋友,认为必须让他有所警惕。于是,就在过后不久,汉米尔顿抵达英国时,我去拜访他,把这封信给了他,一则是为了发泄我对基思和瑞德莱斯登的愤怒和憎恶,二则是为了对汉米尔顿表示好感。他诚挚地感谢了我,因为这一消息对他是很重要的。自此,我俩结为莫逆,他后来在许多事情上为我提供了帮助。

想不到基思身为总督,竟然会玩弄肮脏的阴谋诡计,欺骗一个可怜无知的小青年! 其实,这是他的习惯所决定的。他想赢得别人的好感,但是自己又囊空如洗,于是就频频开空头支票。如若不论这一点,他倒是一个有见地、懂事理的人,文笔也不错,对百姓而言还是个好总督,对大领主则刚正不阿,有时会无视他们的指指点点。他提出了好几条顺应民心的法律条文,并且在他任期内获得通过。

我和拉夫是一对形影不离的伙伴。我们一同租住在小不列颠,每周租金三先令六便士——这是我们当时所能出的最高房租。拉夫找到了几个亲戚,但是他们很穷,无力帮助他。就在这时,他向我说出了心里的想法,说他要留在英国,再也不回费城了。他把自己所有的钱都花在了船票上,现在已身无分文。我口袋里有十五枚西班牙金币——他一边找工作,一边隔三岔五向我借钱以维持生计。起初,他削尖脑袋想进剧院,认为自己有当演员的天赋,可是雇主威尔克斯直截了当拒绝聘用他,劝他别存这种念头,说他不可能在演艺界有所成就。随后,他到帕特诺斯特街①向出版商罗伯茨求职,说他可以为罗伯茨办一份《观众》那样的周刊。他提出了一些条件,但对方不同意。后来,他跑到圣殿街找工作,想当一名抄写员,为商店老板及律师抄写文件,可是仍一无所获。

我求职却很顺当,立刻就在帕尔默印刷厂找到了工作(那是一家远近闻名的印刷厂,位于巴塞洛缪胡同),在那儿干了将近一年。我工作十分勤奋,但也劳逸结合,把挣来的钱拿出很大一部分和拉夫去看戏,还出入于其他娱乐场所。从费城带来的那十五枚金币我俩早已花光,此时我挣的钱刚够我俩糊口。他似乎已经忘掉了自己

---

① 伦敦金融城的一条街道。

的妻小，我也渐渐淡忘了跟里德小姐的山盟海誓，仅仅给她写过一封信，信中说我一时半会儿还不能回费城。这是我一生中犯下的又一重大错误，假如给我第二次人生，我一定会加以纠正。事实上，我俩把钱都花光了，即便想回去也付不起船钱。

在帕尔默印刷厂，有一次我负责为沃拉斯顿的专著《宗教的原则》的第二版排字。我觉得他的有些观点缺乏充分的根据，于是就写了一篇论文加以驳斥。那篇论文的题目是《论自由和约束，兼论快乐与痛苦》，注明该文献给我的朋友拉夫。我把论文印刷了几份散发了出去。帕尔默看了，觉得我是个很有才华的青年。不过，他向我严肃地指出：我在文中阐述的原则有待商榷，似乎不合乎情理。看来，将这一论文付诸印刷，是我人生中的又一大错误。在小不列颠居住期间，我结交了一个书商，名叫威尔科克斯。他的书店就在我们隔壁，里面有许多旧书。他的书店是不出借图书的，但我俩达成了协议（具体内容我记不起来了）：我可以借他的图书，看完后还了再借。我觉得这对我简直太好了，于是便充分利用了这一良机。

我的论文不知怎么被一个叫作里昂斯的外科医生看到了（此人是《人类判断的正确性》一书的作者），后来我俩就认识了。他很重视我，常常来看我，同我讨论这类问题，还带我到一家淡啤酒店里（啤酒店的店名叫"牛角"，位于齐普赛街），把我介绍给《蜜蜂的童话》的作者曼德维尔博士。曼德维尔博士在这家啤酒店成立了一个俱乐部——由于他风趣幽默，很得人心，于是就成了俱乐部的灵魂。

除此之外,里昂斯还带我去巴特森咖啡屋,把我引荐给彭伯顿博士。彭伯顿答应早晚替我找个机会见见艾萨克·牛顿爵士①。这样的机会我日思夜想,可惜一直没有来到。

我从美洲带来了几件珍品,其中最主要的是一个用石棉制成的荷包(此荷包不怕火)。汉斯·斯隆爵士听说后,便找上了门,邀请我到他位于布卢姆斯伯里广场的府上去,把他收藏的珍品拿给我看,劝我将荷包出让给他,以增加收藏品的分量。为此,他付给了我一大笔钱。

在我们的公寓里有一个年轻的女租户,此人是个帽子商,据说在修道院区开了一家门店,举止温文尔雅,通情达理,活泼可爱,非常健谈。每到傍晚时分,拉夫就读剧本给她听,二人关系越来越亲密。后来,女帽子商搬走了,拉夫也跟着走了。他们同居了一些时候,但是由于他仍然失业,而她的收入又不足以维持他俩和她孩子的生活,所以他就决心离开伦敦去试做乡村教师。他认为自己完全能胜任这样的工作,因为他写一手好字,又精通算术和簿记。但在心里他却不屑干这种工作,坚信自己鹏程万里,将来一定能飞黄腾达。他担心自己发迹时,会有人知道他曾干过这种低层次的工作,于是决定更名改姓(为了表示对我的尊敬,他用了我的姓名)。他走后不久便给我写了封信,说他在一个小村庄里执教(大概是伯克郡的一个小村子),教十一二个男孩阅读和写作,每星期的薪水是六

① 人类历史上最伟大、最有影响的科学家,经典力学基础的牛顿运动定律的建立者以及万有引力定律的发现者。

便士。他要我照顾那个女帽子商,希望我写信给他,注明寄给那地方的教师富兰克林先生。

第十四章　友谊戛然而止；换了工作，换了人生

　　他继续不断地来信，还不时把他创作的史诗的样章寄给我，要我批评和指正。我一一照办，但同时又劝他不要再写诗了。恰在这时，著名诗人杨的《讽刺诗》发表了，我就抄写了一大段寄给了他。这部诗集对那些企图问鼎诗坛，却毫无成功希望的人进行了辛辣的冷嘲热讽，说那是水中捞月的愚蠢之举。谁知我的奉劝一点用都不顶，拉夫仍源源不断地将他的史诗样章寄给我评点。与此同时，由于他的缘故，那个女帽子商失去了自己的朋友和生意，常常陷于困境之中，于是便向我求助，问我借钱以解燃眉之急。一来二往，我渐渐喜欢上了她。当时没有宗教信条的约束，我便利用她对我的依赖，企图跟她发展亲密的关系（这是我人生中的又一大错误）。她有点生气，义正词严地拒绝了我，还把我的行为告诉了拉夫，葬送了我和拉夫之间的友谊。后来，他回到伦敦，声称他和我已义断情绝，今后各走各的路。这下子，我借给他的钱以及我为他垫付的款项全

都打了水漂。不过,这也没关系,反正让他还他也还不起。失去了他的友谊,也就等于甩掉了一个包袱,以后有望存点钱了。为了能得到更优厚的待遇,我便跳槽离开了帕尔默印刷厂,转到了沃茨印刷厂工作。那家印刷厂规模更大,距离林肯客栈区不远。在那里,我再没有挪过窝,一直干到我离开伦敦。

一进厂,我负责操纵印刷机。我觉得在这儿开印刷机不像在美洲那样费体力,因为在美洲开印刷机还得负责排字。我只喝水,而其他工人(差不多有五十个)全都是酒鬼。工作时,我能够两手各提着一版铅字上下楼梯,其他工人则需要用两只手才能拿得动一版铅字。从这个实例以及其他的事情中,他们惊讶地发现"喝水的美洲人"(他们这样称呼我)竟然比他们喝酒的人力气还大! 啤酒店专门派一名员工来印刷厂给工人们送啤酒。我的搭档每天一大早就痛饮,早餐前要喝一品脱①啤酒,吃早餐时就着面包和奶酪喝一品脱,在早餐和午餐之间喝一品脱,吃午餐时喝一品脱,下午六点左右喝一品脱,把活干完后再喝一品脱。我以为这是一种恶习,而他觉得很有必要,认为喝酒才有力量,才能干得动这体力活。我苦口婆心地想让他相信:啤酒是用谷物或大麦粉酿造的,只有这些成分才可以使人有力量,而价值一便士的面包所含的面粉比一夸脱②的啤酒还要多;因此,假如他吃一便士的面包,喝一品脱的水,他所得的力气要多于喝一夸脱的啤酒。可他不听劝告,依旧喝他的酒。星

---

① 英、美计量体积或容积的单位。
② 英、美计量体积的单位。

期六晚上他掐指一算,每星期四五先令的工资都用于灌黄汤了,而我却省了这笔开销。那些可怜的人始终都离不开他们的杯中之物!

几星期之后,沃茨调我到排字车间去工作,于是我就离开了印刷房。那些排字工见了我,又让我付五先令的入会费(或者说酒钱)。我认为这是一种敲诈,因为我在下面印刷房里已经付过这笔钱了。老板也是这样的想法,不许我付额外的钱。我硬撑了两三个星期,拒不付钱,结果他们就把我视为被开除会籍的人,对我频频做手脚,搞了许多恶作剧——只要我一出排字间,他们不是把我的铅字搅乱,就是把我的页次颠倒,打乱我的排版顺序,凡此种种。他们声称这是印刷厂的鬼魂做出的事情,为的是惩罚那些不按时交会费的人。尽管有老板的保护,这样的事仍层出不穷。后来我只好乖乖地付了这笔钱,心里觉得天天跟他们在一起,只有傻瓜才会把关系搞僵。

这下子,我和他们关系变得融洽了,很快就有了一定的影响力。这时,我提出应该对"会规"做出合理的修改,并且力排众议,实现了这一点。他们当中有许多人以我为榜样,早餐不再喝啤酒,吃面包和奶酪了——他们发现用买一品脱啤酒的钱(即一个半便士)和我一起下馆子,就可以吃一大碗热粥,上面洒一些胡椒粉,加上碎面包和黄油,能够饱餐一顿。这种早餐花钱不多,吃得舒服,并且使他们头脑清晰。那些继续整天滥喝啤酒的人,由于欠债不还,啤酒店就拒绝赊账了。他们常常向我借酒钱,按他们的说法是"已到了穷途末路"。有时候,我一星期要为他们垫付差不多三十先令的酒钱。

一到星期六晚上发工资，我就守在会计处，把借出去的钱收回来。就凭着我借钱给他们这一点，再加上我说话幽默风趣，于是备受工友们的敬重，在他们当中享有很高的威信。由于我从不缺勤（从不因为星期天玩过了头，就在星期一请假），很受老板的器重。而且，我手脚麻利，排字速度相当快。于是，老板一有急件就交给我做，报酬也相应提高。所以说，我的日子过得十分舒心。

我在小不列颠住的地方离工厂太远，后来我就搬到了公爵街天主教堂对面的一个出租屋里。出租屋位于一家意大利仓库的后面，要爬两段楼梯。房东是个寡妇，她有个女儿，家里雇了一个女佣和一个看守仓库的职工，但她自己却寄宿在外面。她先是托人到我原来住的地方了解了我的人品，这才同意我入住，房租仍和我以前的一样，仍是每星期三先令六便士。照她的说法，这样的租金是比较低的。她还说之所以容我入住，是想跟前有个男人可以保护她们母女。她是个寡妇，已经上了年纪，其父是牧师，自幼受的是新教徒的教养，但结婚后她丈夫使她改信了天主教。提起丈夫，她满怀敬意。过去，她出入于上流社会，对上流社会的趣闻逸事耳熟能详，甚至连查理二世时期的趣闻也颇为知晓。由于膝部患痛风，她走路不便，很少出门，有时很想找人聊天解闷。而我也愿意和她谈天说地，于是晚间她一旦想找人说话，我一定会奉陪。我两在一起吃晚饭，也只不过是每人半条鱼、一小块面包和些许黄油，再分享半品脱啤酒，但听她谈古论今却是一大享受。我出入守时，从不给她添麻烦，所以她不情愿让我搬走。我告诉她，说我们工厂跟前有家出租屋每星期只收两先令的房租，我觉得能省点钱对我而言非常重要，她听后劝我不要考虑，说她以后每星期少收我两先令就是了。这样，我在伦敦期间一直住在她那里，每星期的房租是一先令六便士。

在她家的顶楼上隐居着一个七十岁的老处女。根据房东的描述，此人是一个天主教徒，年轻的时候曾被送到外国，住在修女院中，立志成为修女，后来因为水土不服又回到了英国。由于英国没有修女院，她决定自己修行，在条件允许的情况下过一种修女的生活。她乐善好施，将财产全部捐给了慈善事业，每年只留十二镑作为生活费用。即便这点生活费，她也要拿出许多救济他人，自己只吃粗茶淡饭，冬天连取暖的火也不舍得生。她住在此处已经多年，楼下的房客换了一个又一个，全都允许她免费居住，觉得有她在这里是他们的福分。一个神父每天去听她忏悔。我的房东曾问她："你过的是如此清白无垢的生活，怎么还需要忏悔呢?"她回答说："人生在世，谁能无过!"一次，我获得允许，前去拜访她。她充满了欢乐，待人彬彬有礼，非常健谈。她的房间一尘不染，只有一个垫子、一张桌子(桌子上放着一个十字架和一本书)和一条凳子(她请我坐在了凳子上)，别的什么家具也没有。壁炉上方挂着一幅圣女维罗尼卡的画像，画中人手拿一方手帕，手帕上画着基督那鲜血淋漓的脸，有一种奇特的感染力。老人家以极其严肃的话语向我解释了这幅画的含义。她面色苍白，但从不生病。我觉得她又是一个实例，说明清心寡欲、粗茶淡饭完全可以生活得健健康康。

第十五章　离开英国,返回费城

在沃茨印刷厂,我认识了一个名叫怀盖特的很有才华的年轻人。他的一些亲戚很有钱,而他本人受教育的程度比大多数工友都高,略通拉丁文,会说法语,酷爱读书。我两次下河,手把手地教他和他的一个朋友学游泳。没过多久,他们就游得很好了。他把我介绍给了几个从乡下来的乡绅(他们特意乘船来,是要参观大学以及赛尔特洛教授的珍藏品)。参观完后,我们一道返回。途中,怀盖特讲到我的游泳技术,引起了大家的好奇心。在大家的请求下,我脱掉衣服,跳入河中,从切尔西①附近一直游到了布莱克弗里耶,忽而泅于水上,忽而潜入水底,大秀我的游技,花样不断翻新,让他们大开眼界,赞不绝口。

我自小喜欢游泳,曾经学习和研究过游泳健将特万诺特的理论

_____

① 伦敦下辖的自治城市,为文艺界人士聚居地。

和动作,颇有心得,又琢磨出了自己的一套动作,意在不但要游得姿势优美、动作轻松,而且一招一式都行之有效。此时,我趁机当众表演,露了一手,赢得了他们羡慕的眼光和极大的好评。怀盖特原来就想当一名游泳健将,再加上我俩是印刷业同行,于是跟我就更近乎了。后来,他提出想和我一道周游列国,去欧洲各地旅行,一边旅行一边靠印刷技能挣生活费。我也曾动过心,可是跟我的好友邓汉先生一合计(我一有闲空就去找他说话),他劝我不要去旅游,而应该只考虑回费城(他本人这时已归心似箭)。

邓汉先生是个好人,此处不妨举一事为例,说一说他的为人。他曾在布里斯托尔①举债经商,不幸亏了本,无力偿还债务,于是便去了美洲谋求发展,靠着苦心经营,几年内挣下了一大笔财富。这次跟我同船来英国,他宴请了旧日的债主,感谢他们借钱给他,对他是那么宽容。债主们只是来吃饭,并没别的指望,可是拿开碟子,却发现各自的碟子下都放着一张支票,除过还清了他们所有的债务,连利息也一次性还清了。

这时,他告诉我,说他即将起程回费城,要带一大批货物回去,准备在费城开一家商号。他提出想雇用我当他的职员,让我帮他抄抄写写和照料店面,还要教我算账。他说等我熟悉了业务以后,他会提升我,派我押船,运面粉和面包到西印度群岛去贩卖,给我丰厚的佣金;如果我干得好,发财致富不在话下。我听了觉得此事正合

---

① 英国西部的港口。

富兰克林自传

心意，因为我对伦敦已感到厌倦，回想起昔日在宾夕法尼亚度过的快乐时光，心情总会感到愉悦，很愿意回归故里，于是欣然接受了这一职位——年薪五十镑，宾夕法尼亚币，比我当排字工的工资确实是少了，但是较有前途。

于是，我离开了印刷业（当时我以为永远也不会再干这一行了呢），每天忙于新的事情，随着邓汉先生到商店里去买各种商品，监督打包，频频出差，督促发货，等等。等到所有的货物都装上了船，我总算有了空闲时间，可以消停几天了。就在这时，我意外地受到威廉·温德姆爵士的邀请，要我到他府上去。他是个大人物，其名如雷贯耳，我早已耳闻。于是，我便去拜谒了他。原来，他不知怎么听说我曾经从切尔西一口气游到了布莱克弗里耶，还曾经在几小时内就教会了怀盖特和另外一个年轻人游泳。他有两个儿子，打算出外旅游。他想让儿子先学会游泳，于是提出愿意以重金聘请我教他们。可是他的儿子眼下不在伦敦，而我随时都可能出发回费城，所以不能接受这个美差。不过，这件事让我想到：如果留在英国开办一个游泳训练班，我很可能可以大赚一笔。我心想：假如他早点提出这事，我也就不急着回美洲了。若干年之后，你和我跟威廉·温德姆爵士的一个儿子接触过（他的这个儿子那时已成了埃格勒蒙特伯爵），商量过一件重大的事情，容我以后叙述。

我在伦敦度过了约一年半的时光。我把大部分时间都用在了工作上，平时省吃俭用，除过看看戏和买买书，其他地方很少花钱。我的朋友拉夫借钱把我借穷了，拿走了我大约二十七英镑——那些钱是肉包子打狗,有去无回。我挣钱不多,那可是一大笔款项啊!尽管如此,我还是爱他的,因为他有许多讨人喜欢的地方。在伦敦,我没有发什么财,但结交了一些很有见识的朋友,而且阅读了不少书籍。

1726年7月23日,我们从格雷夫森德起航,踏上了归途。途中发生的事情,我都做了详细记载,你可以在我的日记中看到。日记里,最重要的部分恐怕是我的人生规划了——那是我在船上制订的,对未来一一做了安排。值得一提的是,我制订这项规划时,还是个嘴上没长毛的小伙子,但我终生踏踏实实将其落实在了行动上,至老不渝。

同年10月11日,我们到了费城,发现这儿变化很大。基思已不再是总督(接替他位置的是戈登少校),成了一介草民。我在街上曾碰见过他——他面带愧色,一句话也没说就从我身边过去了。在伦敦的时候,我曾给里德小姐写过一封信,她的亲友们看了信,认为我不可能再回来了,于是劝她跟另外一个人(一个叫罗杰斯的陶工)结了婚。如若不然,我现在见了她,一定会感到无地自容呢。结婚后,她一直都不快活,不久便跟罗杰斯各自东西了——她不愿再跟他生活在一起,不愿再用他的姓。据说,罗杰斯和里德小姐结婚前是有妻室的。那家伙手艺好,然而天性恶劣。里德小姐的亲友正是看中了他的手艺,才撮合了他们。后来,他深陷债务,于1727年(也许是1728年)逃到了西印度群岛,最终客死他乡。凯默的印刷厂扩大了,又开了一家文具店,货源充足,还添了许多新的铅字,而且有了许多帮手(这些帮手中没一个出色的),生意源源不断。

邓汉先生在水街选了店址,商店随即便开张营业了。我勤奋工作,为他打理生意,同时学习算账,久而久之就成了行家里手。我们住在一起,吃在一起,形同父子——他对我以坦诚,我对他则既尊敬又爱戴。我们原本可以这样幸福地生活下去,但天有不测风云,人有旦夕祸福——1727年2月初,我刚过完二十一岁的生日,我俩双双病倒。我患的是胸膜炎,差点一命呜呼。患病期间,我遭受了极大的痛苦,已失去了生的希望。后来起死回生,渐渐康复时,我竟然有点遗憾,觉得以后或迟或早势必还要经受一次如此痛苦的过程。我记不清邓汉先生患的是什么病,只知道他病了很长时间,最后还是死了。临去世之前,他口述了一份遗嘱,留给了我一些钱(这表明他是十分关心我的),而商店里的东西则被财产执行人所接管,我的这段职业生涯也随之结束。这下子,我又要孤苦伶仃地面对浩瀚无边的大世界了。

第十六章　重操旧业,再交新友

　　我姐夫霍姆斯这时在费城,劝我还干我的老本行。凯默向我抛出了橄榄枝,说想用很高的年薪聘请我,让我为他经营印刷厂,而他则可以更好地管理他的文具店。在伦敦的时候,我听说他妻子及其闺蜜对他颇有微词,说了他许多不是,于是不想跟他打交道。我千方百计想在商行里找份工作,可是一时不能如愿,最后只好又投在了他的麾下。他的印刷厂工人包括有:休·梅雷迪斯,威尔士籍的宾夕法尼亚人,三十岁,惯做庄稼活,诚实,懂事,有相当敏锐的观察力,也喜欢念一点书,但贪杯好酒。史蒂芬·波茨,地道的年轻庄稼汉,善稼穑,天资聪颖,生性诙谐幽默,但是有点吊儿郎当。按照合同,凯默每星期付给他们相当低的工资,随着他们技术的提高,每隔三个月将给他们增加一先令的工资——有望拿到高工资的前景是凯默甩给他们的诱饵。梅雷迪斯将做印刷工,而波茨当装订工。根据合同,凯默将向他们传授技艺(其实,他本人对这两门技术一窍不通）。厂里还有一个粗野的爱尔兰人，什么也不会（凯默从一个船长手里购买了此人四年的服务，准备叫他当印刷工）。另外还有个叫乔治·韦布的牛津大学的学生（凯默也购买了他四年的服务，准备叫他当排字工），下面还会提到。除了这些人之外，还有一个叫大卫·哈里的乡下孩子（凯默收他当了学徒）。

我不久便识破了凯默的小算盘——他之所以愿意高薪聘请我（工资超过以往任何时候），其目的是想叫我向那几个没有经验的廉价雇工传授技艺；等到我把他们教会，而他们有合同约束走不掉，那时他就卸磨杀驴，把我辞掉。尽管如此，我仍然快快活活干我的工作，将一片狼藉的印刷厂整理得井井有条，教导工友们忠于职守，不断改进自身的技艺。

乔治·韦布，一个牛津大学的学生，竟然成了卖身仆，简直就是一件奇闻。他向我做过自我介绍，说他今年还不到十八岁，出生在格洛斯特郡①，曾在当地的公立学校读过书，在学校里演戏时，由于演技高超，能够声情并茂，在学生中很有名气。求学期间，他参加了文学团体"幽默社"，写过一些诗歌和散文，发表于格洛斯特的地方报刊。据他的叙述，他后来被送往牛津大学读书，在那儿待了大约有一年的时间，但总觉得不太满意，心里十分渴望到伦敦闯世界，当一名演员。最后，当他领到十五个金币的季度助学金时，他没有用它们偿还债务，而是将学生服藏在灌木丛里，悄然离开大学城，徒步

---

① 英国英格兰西南部的郡。

走到了伦敦。在伦敦，由于缺乏亲友的指教，他结识了坏人，不久就花完了他的金币，却仍找不到进入戏剧界的门路。因为身无分文，他便当掉了衣服以饱一餐。当时的他流浪于街头，肚子饿得咕咕叫，不知该怎么办才好。就在这时，有人将一份传单塞入他的手中，上面答应凡是愿意签合同到美洲当佣工的人，即刻便可以享受免费食宿，并可以拿到佣金。他马上就跑去签了合同，然后上船来到了美洲，至今没有写信告诉亲友他的下落。他朝气蓬勃、诙谐幽默、心地善良、谈吐风趣，但有点玩世不恭、做事草率、莽撞、不计后果。

那个叫约翰的爱尔兰人不久就跑掉了。我跟其余的人相处得很融洽，日子过得倒也舒心。工友们发现凯默并没有什么本事可以教他们，而他们每天却可以从我这儿学到一些技术，于是对我倍加尊敬。我们星期六不上班，因为那是凯默的安息日，这样我就有两天的时间可以读书了。我在城里的朋友圈不断扩大，陆续认识了一些杰出人才。凯默本人待我十分殷勤，表面上毕恭毕敬。这时的我心中别无挂虑，只操心的是欠弗农的债款。由于我过日子不会精打细算，没有攒下钱还他的债。幸好他很讲义气，没有催我还钱。

我们的印刷厂常常需要整套的铅字，而在美洲还没有会浇铅字的人。在伦敦时，我曾在詹姆斯的工厂里见过他们浇铸铅字，可是没有十分留意是怎么浇的。不过，这时我发明了一种铸模（拿印刷机的字母当模块，用铅浇铸而成），这样也就满足了需要，而且效果很好。与此同时，我还雕刻铜板、制造油墨、管理仓库，不一而足，简直就是一个无事不做的多面手。

不管我是怎样一个有用人才,但随着工友们的技术不断提高,我的地位则在一点点下降。凯默把第二季度的工资付给我之后,便向我提出:他觉得我的工资太高了,应当减低一些。他对我也不像以前那么殷勤了,动不动就摆老板的架子,常常吹毛求疵,挑我的毛病,大有要跟我一刀两断之势。我却一如既往,不愠不火,觉得可能是因为他的经济情况欠佳才有了这种现象。后来出了件小事,导致了我们的最后决裂。一次,法院那儿人声鼎沸,我把头伸出窗外,想看看发生了什么事情。凯默当时站在街上,一抬头看见了我,便生气得冲我大吼大叫,要我别管闲事,还说了一些斥责的话。那些围观的邻居把这一幕都看在了眼里。我当众受辱,气得顶了他几句。他立即跑到印刷厂的楼上来,继续跟我争吵,于是双方各不相让,都说了过激的话。他要解雇我,但根据合同必须等三个月之后才能解雇。他声称自己希望不需要等那么长的时间,而我则说那就如他所愿。我说走就走,拿起帽子就下了楼。在楼下,我看见了梅雷迪斯,于是便求他把我的东西收拾一下,然后送到我的住处去。

梅雷迪斯晚间来送东西时,我俩做了深入交谈。他非常敬重我,十分舍不得我走。我说自己想回老家去,他劝我别回去,说凯默已债台高筑,到了资不抵债的地步,这叫债主们心里有点发毛。凯默的文具店经营不善,只顾眼前小利而舍本求末,账目乱得一塌糊涂,早晚都会破产。他一破产,我就可以趁机发展自己的事业。我说我没有资金,什么事也干不了。梅雷迪斯说他和他的父亲谈到过我,他父亲对我颇为欣赏,说我如果愿意跟他一起干,就可以为我们提供启动资金。他说:"我跟凯默的合同期明年春天就满了。那时,咱们可以从伦敦购买咱们自己的印刷机和铅字。我知道我的技术很差,假如你愿意的话,你负责技术上的事情,我供给资本,盈利你我均分。"

第十七章　运筹帷幄,开拓事业

　　我欣然同意了梅雷迪斯的计划。他父亲这时候在城里,对此也表示赞同。他看出我对他的儿子很有影响力——在我的劝导下,他儿子已经很长时间滴酒不沾了。他希望我俩亲密相处,他儿子将会永远戒除这种恶习。我开了一张清单给梅雷迪斯的父亲,他把清单交给了一个商人去订货。我们说好,在机器运到之前,一定要严守秘密。其间,我将尽可能先在哪家印刷厂找份工作干。我按计划去找工作,但没有找到,于是便闲了几天。就在这时,新泽西有一桩印纸币的生意,而印纸币所需的雕版和浇铸铅字的技术活只有我能干,凯默害怕竞争对手布拉德福雇用我,把生意抢去,于是就给我写了一封十分谦恭的信,说多年的老朋友不应当因为几句一时气愤的话就分手,希望我回去。梅雷迪斯劝我答应凯默的请求,说有我在跟前指导,他就有更多的机会提高自己的技术水平。就这样,我又回去了。有一段时间,我和凯默的关系也得到了改善,比以前还要和谐。他拿到了新泽西的订单,为此我专门设计了一部铜板印刷机——这样的印刷机是美洲前所未有过的。除此之外,我还为纸币的印版雕刻了花纹及号码。最后,我俩一起前往伯灵顿印刷纸币。在那里,我把一切都料理得停停当当。凯默赚了一大笔钱,暂时可以苟延残喘,不必为破产而发愁了。

在伯灵顿我结识了许多该省的要人。为了监督纸币的印刷工作,确保纸币的数量不超过法律规定的限额,当地议会指派了一个委员会,其中的几个委员成了我的朋友。委员们轮流来跟我们一道工作,来的时候会带个把朋友陪伴。我读书多,比凯默有修养,可能是由于这个缘故,他们似乎更喜欢跟我交谈。他们邀我到他们家里去,把我介绍给他们的朋友,对我十分有礼貌。凯默虽然是老板,但搭理他的人并不多。老实说,他性格怪僻,不善于和人相处,喜欢跟人抬杠,邋里邋遢、不修边幅,在宗教问题上老跟人争长论短,甚至显得有点刁钻。

我们在伯灵顿待了近三个月。这期间,我结识了法官爱伦,议会秘书塞缪尔·布斯迪尔,议员艾萨克·培生、约瑟·库柏以及几个史密斯家族的议员,另外还结识了测量局局长艾萨克·狄考。狄考是一个智慧老者,看世情独具慧眼。他对我说,他小的时候打零工,为泥瓦匠搬砖运瓦,成年后才学习写字,后来替测量员拿仪器,跟着学会了测量术,靠自身的勤奋有了事业和家产。他说:"可以预见得到,你很快就可以将凯默挤出这个行当,在费城建立你自己的基业。"说这话时,他对我的抱负一无所知,丝毫不知道我有自己开业的意图。后来，我和这些朋友同舟共济、相互帮助，成为莫逆之交。他们一直都很看重我、敬佩我。

在此，我不妨先讲一讲我的世界观，讲一讲我对伦理道德的看法，然后再叙述自己开业的经过。这样，你就知道这些观念是怎样影响我人生中的重大决策的。我父母在早年就对我灌输了宗教思想，在我童年时代用虔诚的非国教思想教导我。但由于博览群书，我了解到了不同的观点，还不到十五岁就开始对一些教义产生了怀疑，甚至怀疑到了《启示录》。一次，我偶然接触到了几本驳斥自然神论①的书籍（据说，波义耳教授讲课时用这些书当教材）。谁知这些书对我产生的影响竟与书的主旨背道而驰——作者引用自然神论的观点予以批判，结果弄巧成拙，反而让读者觉得自然神论的观点更站得住脚。简而言之，我很快就成了一个彻头彻尾的自然神论信徒了。我的人生观影响了一些人（尤其是科林斯和拉夫），使他们走上了歧途。恶有恶报，后来那些人都在很大程度上给我造成了伤害。回想起不受道德约束的基思给我带来的苦恼，再想一想我对弗农和里德小姐的所作所为，我不禁怅然反思，开始对自然神论在观念上产生了动摇，觉得它即便是真理，也不会给人带来多大益处。我在伦敦时写的那篇论文曾引用德莱顿②的诗句阐释过它的信条，现摘录如下：

① 16世纪出现于法国。曾是资产阶级反对封建制度和正统宗教的一种理论武器，也是无神论在当时的一种隐蔽形式。认为上帝创造世界和自然规律后不再干预世事，听凭自然规律支配一切的哲学观点。

② 英国诗人、剧作家、文艺评论家。

但凡事物总有正确的一面，

只不过近视的人仅看眼前，

看东西仅看一半，

看不到主宰一切的是上天。

在那篇论文里，我的观点是：上帝大智大慧、大慈大悲、法力无边，不可能允许世界上有错误出现，所谓的善与恶之分只是空谈，不可能有这样的现象。我当时觉得那是一种精彩的论断，现在看来未免有点武断。当时的错误观点可能不知不觉地一点点渗入了我的世界观，乃至影响了我以后的一言一行（形而上学者往往如此）。

我渐渐意识到：人与人交往，求实、诚恳和正直才是至关紧要的，唯有如此才会有完美的人生。我把这一做人的原则写了下来，让它成为白纸黑字，成为我终生奉行的信条。说实在的，《天谕》对我并没有什么约束力，但我认为：虽然它所禁止的行为并不一定是坏行为，它所倡导的行为并不一定是好行为，但如果综合考虑，倘若这些行为在本质上有害于人类，那就应该禁止，倘若有益于人类，那就应该倡导。我的青年时代是一个危险的时期，没有父亲在身边为我指点迷津，整天跟陌生人打交道，自己本身缺乏宗教信仰，很可能会误入歧途，做出粗俗、有悖道德和正义的事情，但有了以上人生原则的指导，有了上帝或守护天使的保佑，或者是因为环境和形势好吧（也可能这些因素都发生了作用），反正我安安全全地度过了那

富兰克林自传

段时期。按说,我是一个有坚强意志的人——当时的我是个毛头小伙子,没有社会经验,周围不乏无赖小人,幸亏我面对大千世界能持身端正,才得以化险为夷。我非常珍视这一优点,决心把它保持下去。

话说我们从伯灵顿回到费城之后不久,新的铅字就从伦敦运到了。我和梅雷迪斯经过和凯默协商,便离开了他(他对我们的计划一无所知)。我们在市场附近找到了一所出租的房屋,就租了下来。为了减轻房租负担(当时一年才二十四英镑,现在听说已涨到了七十英镑),我们便让釉工托马斯·戈弗雷一家搬进来住,由他们家出相当大的一部分房租,而我们索性把伙食也包给了他们。我们还没来得及拆开铅字,安装好印刷机,我的朋友乔治·豪斯就带着一个乡下人找上了门。乡下人是他在街上碰上的,想在印刷厂找份工作。我们所有的现金都已经花在了购买设备和各种事务上,而这位乡下人交的五先令拜师费来得真是太及时了——由于这是我们挖到的第一桶金,它给我带来的欢乐胜过我以后所赚的任何一笔钱。豪斯的热心肠感动了我,使得我以后乐于帮助那些在事业上刚起步的年轻人。

第十八章　创办学会，探讨人生和学问

　　悲观主义者随处可见，其观点无非就是城市要毁灭什么的。费城就有这样一个人，一个知名老者，看上去充满了智慧，说话时一脸的严肃相。他的名字叫塞缪尔·米克尔。这位先生我并不认识，有一天却跑到我门口来，问我是否就是那个新近开设了一家印刷厂的年轻人。我回答说是的，他听后很为我惋惜，说开办印刷厂得花许多钱，而所花的钱势必会打水漂，因为费城是个没落城市，这里民不聊生，一切都处于半瘫痪状态；尽管新的楼房拔地而起，房租也在上扬，但据他所知那只是海市蜃楼，是虚假的繁荣；这一切，再加上其他的因素，不久便会导致城市的毁灭。接下来，他如数家珍，列举了一些不祥之兆，以及一些他认为很快就会发生的灾难。他走后，我心里一片灰暗，觉得要是早一点听到他的这番言语，我也许就不会开办印刷厂了。此人身居摇摇欲坠的陋室，坚持认为这座城市即将毁灭，所以许多年来不肯购买新房。后来，他到底还是购置了新房，

富兰克林自传

但花的钱却比他当初散布悲观论时多出了五倍，这叫我感到有点幸灾乐祸。

我早先应该提到：在前一年的秋天，我把一些有志向的朋友组织起来，创办了一个学会，追求共同进步，起名为"共进会"，每星期五晚间开会。根据我起草的章程，每一名会员与会时都必须提交一两篇研讨道德、政治或自然哲学的论文，供大家讨论；每隔三个月要提交和诵读本人习作一篇，题目任选。讨论会由会长主持，提倡严肃认真追求真理的精神，反对夸夸其谈、强词夺理。为了防止过激情绪的出现，我们规定：不得坚持己见、不容别人反驳，否则就是违规，要处以一小笔罚金。

以下简单介绍该组织的首批会员：

1.公证事务所的契约誊写员约瑟夫·布伦特纳尔，一个温厚、友好的中年人，酷爱诗歌，阅读诗歌时手不释卷，自己也写几首凑兴的诗，话语中不乏睿智，而且心灵手巧，经常发明一些小玩意儿。

2.自学成才的数学家托马斯·戈弗雷，此人在数学领域是佼佼者（现在的所谓"哈德利象限"就是他所创）；除过他的本行，他什么都不知道，是个不好相处的人（我接触到的大多数数学家都是这样的人）；他要求别人说的每一句话都必须准确无误，喜欢抬杠和鸡蛋里面挑骨头，是讨论会的搅局者，没多久便离开了我们。

3.测量员尼古拉斯·斯卡尔（后来做了测量局局长），爱读书，有时也写几行诗。

4.威廉·帕森斯，学制鞋，爱读书，学了不少数学知识——起先是为了研究占星学才学数学的,后来将这样的初衷付之一笑(最后,此人也当上了测量局局长)。

5.细木匠威廉·马格里奇,一位能工巧匠,待人厚道、通情达理。

6.休·梅雷迪斯、史蒂芬·波茨和乔治·韦布(这三人前边已做过介绍)。

7.罗伯特·格雷斯,一个有些财产的年轻绅士,慷慨、活泼、幽默,爱说俏皮话,愿为朋友两肋插刀。

8.威廉·科尔曼,商行职员,跟我年龄相仿,在我所认识的人当中头脑最冷静、最有计谋、心肠最好、品行最端正。后来,他成了一个有声望的商人,也是我们的一个地区法官。我们的友谊毕生从未间断,前后有四十多年的时间。

我们的学会差不多持续了有四十年的光景,成为宾夕法尼亚地区最优秀的研究哲学、政治和伦理道德的学会。会员需要提前一个星期当众宣读自己的论文,以便讨论时能将注意力集中在一定的重点上,做到有的放矢。会员发言时必须注意分寸,因此,我们的章程禁止使用过激的语言,以保证这个学会能长期存在下去(关于这个学会,我后边还会提到)。

此处花了些笔墨讲述这个学会的事情,是因为这些会员都为我们的印刷厂提供了帮助,多少都为我们招揽了生意。特别是布伦特纳尔,他替我们招揽了印刷教友会历史书的生意,要我们承担四十个印张的业务量,其余部分将由凯默承印。这桩生意价位低,我们干得很辛苦，为此付出了很多汗水。此书是对开本，大小跟《为了祖国》那本书一样，每一页都有长长的注释。我负责排版，每天排一个印张，梅雷迪斯负责印刷。收工前，我必须拆版，以便次日排新版，有时还要加班，干一些朋友介绍来的零活，结果一干就干到了夜里十一点，甚至更晚。不管再辛苦，我都决心保持每天排一个印张的速度。一天夜里，我排好了版，满以为该收工了，谁知不小心碰乱了版面（两页铅字乱成了一堆）。我马上拆了版，重新排了一遍，然后才上床睡觉。我们的勤奋为周围的邻居所共睹，为我们赢得了好口碑、好声誉。据说，商人夜间俱乐部在议论到印刷厂这一话题时，他们普遍认为城里已经有了凯默和布拉德福两家印刷厂，再建新厂肯定会失败。而贝尔德博士（许多年以后我和你还去过他的故乡——苏格兰的圣安得路兹，在那儿见了他）则提出了反面的意见，说道："那个富兰克林应该另当别论——他的勤奋我前所未见。我从俱乐部回家时，看见他还在工作，第二天邻居们还没起床，他就又开始干开了。"他的话给其他人留下了很深的印象，过后不久便有人找来，要我们代销文具，但我们婉拒了，因为我们不愿意在这方面花时间。

此处我三番五次提到"勤奋"，并加以强调，恐怕会叫人觉得我在自吹自擂。其实，我的本意是想让我的后代看到这段文字时能了解"勤奋"的价值，了解它是怎样令我大受其益。

第十九章　万事开头难,创业步履维艰

　　乔治·韦布交了一个女朋友,她借钱给他,从凯默那儿赎回了人身自由。后来,他跑来找我,想跟我干。当时我们不缺人手,可我傻里傻气告诉了他一个秘密,说我马上准备办一份报纸,那时可以雇用他。我说这件事大有成功的希望。当时,城里只有一份报纸,是布拉德福办的,一点名堂都没有,经营上一塌糊涂,读之味如嚼蜡,即便如此仍有钱可赚。我觉得如果能办一份好的报纸,定能赚大钱。我千叮咛万嘱咐,让韦布不要告诉别人,可他一转身就去对凯默讲了。凯默先声夺人,立即印了一份告示,宣布他将办一份报纸,雇用韦布作为助手。我气得火冒三丈。鉴于自己还无能力立即办报,于是我就为布拉德福的报纸写了一系列趣味性很强的作品,总题目是《爱管闲事的人》,完全是要跟凯默他们唱对台戏。布拉德福的报一连几个月连载我的作品,受到了公众高度的关注。我们对凯默的告示冷嘲热讽,大加鞭挞,使得他的名声一落千丈。不过,他还是把报纸办了起来，凄凄凉凉持续了几个月，订户不超过九十。最后，他提出要以非常低的价钱将报纸让给我。我一听正中下怀，因为我早已准备多时，想接办这家报纸，于是欣然领受。没用几年的时间，这份报纸就成了我的摇钱树。

恕我老喜欢用第一人称——其实，我们是二人合伙经营。之所以如此，可能是因为所有的事都由我一人经办吧。梅雷迪斯对排字一窍不通，印刷上也是穷于应付，而且总是喝得醉醺醺的。朋友们为我打抱不平，觉得不该跟他合伙，可我随遇而安，尽我的力量将一切处理得停停当当。

我们的报纸印出来了，看上去跟宾夕法尼亚地区所有的报纸都迥然有异，字体清晰、印刷精美。当时，伯内特总督和马萨诸塞议会之间正有争执，我就此事在报上发表评论，言辞慷慨激昂，引起了一些要人的注意。于是，我们的报纸以及报上的内容就成了他们的热门话题。没出几个星期，他们就成了我们的忠实读者。

许多人跟他们学，也开始订阅我们的报纸，于是订户量持续上升。我会写点小文章，收到了立竿见影的效果。那些头面人物见我善于舞文弄墨，便将生意交给我做，以此鼓励。布拉德福这时还在承印选票、法律文件以及其他的公文。他把地方议会给总督的请愿书印得十分粗糙，错误百出，末了地方议会只好交给我们重印。我们印出的请愿书样式精美，无一处错误。印完后，我们将请愿书送交每一位议员过目。这一前一后，差别一目了然。这给了我们在议会的朋友们说话的分量。通过投票，议会同意将下年度的印刷生意交给我们做。

说到议会的朋友，此处不能不提汉米尔顿先生。当时，他已从英国回来，是地区议会的议员，在这件事上给予了我大力的支持。此后，他一直照拂和支持我，直至去世。

也就是在这个时候，弗农先生提醒我还欠他的钱呢，但没有逼债的意思。我给他写了一封语气诚恳的信，求他再宽容一点时间，他痛快地答应了。后来，我一有了偿还能力，就连本带息把钱还给了他，并对他的宽容千恩万谢。就这样，我的这一过失在某种程度上得到了纠正。

一波刚平又起一波，一件想也想不到的事情发生了。梅雷迪斯的父亲原答应出资帮助我们筹建印刷厂，可是只拿出了一百英镑，之后便无力出钱了，因为他本人还欠了一位商人一百英镑。那个商人催债催得不耐烦了，把我们告上了法庭。我们缴了保释金，但清楚地看到：假如我们不能按时还债，法院就会做出宣判，对我们实行强制执行。那时，我们美好的梦想就会灰飞烟灭，化为泡影——我们的印刷机和铅字将会被拍卖以偿还债务（也许会半价出售）。

疾风知劲草，烈火见真金。在这场危机中，两位真正的朋友挺身而出帮助了我，他们的大恩大德我永铭心间，终生难忘。他们不约而同地提出愿意为我垫付所有的钱，使我能够经营下去，成就自己的事业。但他们不愿意让我跟梅雷迪斯继续合伙，说常看见梅雷迪斯在大街上喝得醉醺醺的，还见他在酒馆里玩下流的赌博游戏，大大玷污了我们的名誉。这两位朋友是威廉·科尔曼和罗伯特·格雷斯。

富兰克林自传

我告诉他们:梅雷迪斯父子如果能够履行他们应该履行的义务,我就不能说出分道扬镳的话。我觉得他们父子帮助过我,自己应该知恩图报,不到万不得已不能与之分手。不过话又说回来,假如他们不能履行自身的义务,到了不分手不行的时候,我会认真考虑两位朋友的建议,让他们父子走他们的阳光道,我过我的独木桥。

　　对于分手的事情我拖而不决,过了一段时间才跟梅雷迪斯摊了牌,说道:"也许令尊不愿意让咱俩一块儿干,如果你单独干,他可能就愿意出钱了。既然如此,不妨明着告诉我,我可以将生意全部交给你,而我另谋出路。"他回答说:"不是那回事。其实,我父亲只是有点失望罢了,口袋里实在拿不出钱了,而我也不想再给他添烦恼了。我原先学的是农事,谁知三十岁都一把岁数了却又跑进城里当什么学徒,学什么新手艺,简直愚蠢透顶。我们有很多威尔士来的老乡要到北卡罗来纳定居,那儿土地便宜,可以大有作为。我打算和他们一道去,重操旧业,干我的老本行。你可以另找人做你的助手。假如你愿意承担印刷厂的债务,归还家父所垫的一百英镑,替我还清我个人的一些零星欠款,再给我三十英镑和一个新马鞍,我将把我的股权全部转让给你。"我同意了他的提议。我们马上就写了一张证书,签了字盖了印。我把他要的东西悉数给了他,于是不久他就到卡罗来纳去了。第二年,他从那里寄来了两封长信,信里对那儿的情况进行了详尽的描述,讲了那儿的气候、土壤和农业等细节(在这些方面他非常懂行)。我将他的信发表在了报纸上,在广大读者中间引起了很大轰动。

第二十章　稳扎稳打，不断拓展事业

梅雷迪斯走后，我便接受了威廉·科尔曼和罗伯特·格雷斯两位朋友的帮助，把他们提出要垫付的钱各借了一半（以示我并无厚此薄彼之意），还清了债务，然后继续干我的营生。此时大概是1729年吧。我宣布我和梅雷迪斯的合作关系已经解除，所有的事务都由我一人经营。

大约在这个时候，本地区严重缺乏纸币（只有一万五千英镑的纸币在流通，很快就会见底），民间呼声很高，要求发行更多的纸币。富人原来就不喜欢纸币，认为纸币会贬值（新英格兰就出现过这样的情况），不利于债权人，此时坚决反对增添纸币的数量。针对这一问题，我们在"共进会"进行过辩论。我赞成增发纸币，提出在1723年由于增加了少量纸币，结果大大促进了贸易的繁荣，增加了就业，吸引来了许多外地人口，租屋里住满了房客，而且有许多新房屋拔地而起。回想起我初来乍到的时候，我清楚记得自己吃着面包卷走在大街上,到了第二街和前街之间的胡桃街上,见那儿的出租房十有九空,当时觉得人们不愿意在此居住,正纷纷出走呢。

对这件事我很感兴趣、十分上心,匿名写了一个小册子,将它印了出来,题名为《纸币的性质和需要》。普通的百姓很欢迎它,但有钱人却不高兴了,因为它对增加发行纸币起到了推波助澜的作用。可惜富人群体无人能够撰文迎战,于是气势大减,最终议会以压倒性多数通过了增加发行纸币的议案。议会里的朋友们觉得我贡献大,应该嘉奖,于是就把印刷纸币的生意交给了我——那是一桩利润丰厚的生意,对我帮助很大。这是我善于舞文弄墨的又一大好处。

经过时间的检验,增加发行纸币很明显是一种有效措施,以后反对之声也就不多了。纸币的发行数量很快就攀升到了五万五千英镑,1739 年达到了八万英镑,以后在独立战争期间超过了三十五万英镑,贸易、建筑和居民人数都一个劲在增多。现在想起来有点后怕,因为钱币过量发行很可能会给社会带来危害。

此事过后不久,由于好友汉米尔顿的牵线搭桥,我获得了承印纽卡斯尔纸币的生意。这对我而言又是一场及时雨,是对我莫大的鼓舞和帮助——小事情对身处困境的人则有着重大的意义。不仅如此,他还把印刷政府文件和选票的生意也为我包揽了过来(这桩生意我一直干了下去,直至我离开印刷业)。

这时,我开了一家小小的文具店,经销各种各样的空白单据(这种单据算得上是当地最精致的了)——我的朋友布伦特纳尔协助我打理生意。除此之外，文具店还经销普通纸张、羊皮纸和账簿等货品。在伦敦的时候，我有个熟人叫怀特玛什，此时跑来投奔我。他是个技术娴熟的排字工人，工作很勤奋，一直跟着我干了下去。我还收了一个学徒，他是阿克拉·罗斯的儿子。

此时，我开始一点点偿还筹办印刷厂时所借的钱。在商海中沉浮得有好的信誉和品行，所以我必须倍加小心，不仅要克勤克俭，还得注意别人对我的印象。我衣着朴素，从不出入于低俗的娱乐场所，也从不出去钓鱼或打猎。有时读书倒是会耽误工作，但这样的事却很少发生，而且没人发现，所以没有招致非议。为了表明自己是个踏实肯干的人，我有时会用手推车把在纸店里买好的纸张亲自运回文具店。人们很尊敬我，认为我是一个勤劳上进的青年，是个守诚信的人，从不拖欠别人的钱，于是文具商纷纷找上门订货，而书商则委托我代销书籍——我的生意红红火火、顺风顺水。凯默却因为信誉不好，生意每况愈下，一天不如一天，最后不得不出卖他的印刷厂以偿还债务。后来，他去了巴巴多斯，在那里住了几年，日子过得十分穷困。

凯默有个学徒叫大卫·哈里（我曾教此人学过技术），把他的设备买了过去，顶替他的位置在费城干了起来。起初，我担心哈里是一个强有力的竞争者，因为他的亲友们很有势力，一个个都不是等闲之辈，于是便提出要跟他合伙，幸亏遭到了他轻蔑的拒绝。那小子十分骄傲自大，穿着上流人的服装，追求享受，过着醉生梦死的生活，后来债台高筑，荒废了生意，结果没人再跟他打交道了。万般无奈，他步凯默的后尘，去了巴巴多斯，把印刷厂的设备也带到了那里。在巴巴多斯，他雇用自己昔日的老板当助手，二人面和心不和，经常吵架。他的境况到了穷途末路的地步，最后他只好卖掉设备，又回宾夕法尼亚务农去了。购买了印刷设备的那个人继续雇用凯默当操作工，但凯默没干几年就死了。

这下子，除了宿敌布拉德福以外，在费城再也没有人跟我竞争了。布拉德福资金充足，从事印刷业显得很从容，只是偶尔雇几个零散工干点小活，从不为生意方面的事情发愁。由于他管理邮局，人们便以为他近水楼台先得月，可以先人一步得知外边的新闻，还觉得他的报纸广告比我的影响面广，于是找他登广告的人远远多于找我的人，使得他招财进宝，而我则处于不利的地位。我花钱买通了邮差，实际上也通过他们寄发报纸（由于这是在暗中进行，外界并不知情）。由于布拉德福鸡肠小肚，不允许寄递我的报纸，我大为恼火，很瞧不起他。后来，我接管了邮局的掌控权，便处处小心，绝不想学他的样子。

第二十一章　谈婚论嫁，一波三折

　　戈弗雷和妻子儿女一直住在我租赁的房屋里，还在文具店旁边开了家玻璃店，而我则在他家寄膳。他痴迷于数学研究，对生意方面的事情不太上心。戈弗雷太太打算替我和她的一个亲戚的女儿做媒，常常找机会让我们见面。后来，我对那女孩动了真情，因为她的确太招人喜欢了。她的家长尽力撮合我们，频频请我吃饭，让我俩在一起谈情说爱。但到了最后，这件事还是告吹了。戈弗雷太太负责在我们中间传话，我让她告诉对方：希望对方能出一笔嫁妆钱，使得我能够付清印刷厂未还完的欠款（大概不超过一百英镑吧）。戈弗雷太太带回了对方的回答，说他们拿不出这笔钱。我说他们可以到借贷银行里去抵押他们的房子嘛。过了几天，他们的回答是他们不赞成我们的婚事了。原来，他们从布拉德福那儿了解到：印刷业不是个赚钱的行当，铅字磨损得快，需要不断更新；凯默和哈里相继破产，我大概不久也将步他们的后尘。于是，那家人不准我再进他们的家门，而他们的女儿则被幽闭在了深闺中。

真不知他们是中途变卦，还是觉得我们已经深陷爱河不能自拔，很可能会私下结为连理，于是就采取了这么一种策略以赢得主动（至于给不给嫁妆钱，由他们决定）。我猜想他们的动机可能是后一种，心里很生气，就不跟他们家来往了。戈弗雷太太后来告诉我，说那家人松了口，想让我再到他们家去。我却斩钉截铁地回绝了，声称再也不会跟他们有任何交往了。戈弗雷一家为此有点气愤，和我有了芥蒂，于是就搬走了。整幢房子空了下来，只剩下了我一人，但我决定再也不招租户了。

但是这件事惹动了我的凡心，使我产生了娶妻生子的愿望。我眼观六路，四处寻找佳偶，但很快发现情况并不乐观——人们普遍认为印刷业不是一种赚钱的行业；我除非找一个不中意的女子凑合结婚，不能指望既得佳偶又获嫁妆。这时，我身上有着青春期那种难以控制的冲动，免不了寻花觅柳，既花钱，又不光彩，使我老怕染上乱七八糟的脏病（谢天谢地，我没有陷入这种危险）。在这期间，作为邻居和老朋友，我和里德太太一家继续保持着友好往来。我在他们家寄宿伊始，他们就对我颇有好感，常请我去商量事情，我有时也会给他们出出主意。里德小姐像霜打的茄子一样委顿，总是闷闷不乐，不愿意跟人交往，我对她的不幸遭遇深表同情。我觉得她的不幸与我在伦敦时的轻浮和感情不稳定有很大干系，而她母亲则好心地将责任揽在了她自己身上，认为她不该在我去伦敦之前阻止我们结婚，不该在我走后又劝女儿嫁给了另一个人。我和里德小姐又恢复了感情，但要结婚却有一大障碍——虽然她和罗杰斯的婚姻被认为是无效的，因为据说罗杰斯的妻子在英国，仍然活着，但由于路途遥远，难以证实；再者，都说罗杰斯已经亡故，但这也只是不确定的传闻（即使他真的死了，他留下了许多欠账，他的继承人也许得负责偿付）。尽管存在着风险，我和里德小姐还是在 1730 年 9 月 1 日结了良缘。我们心里还有些担忧，但后来一点风波都没有出现。我俩相敬如宾，生活得幸福美满（我总算纠正了我人生中的一大失误）。里德小姐很贤惠，是一个忠实可靠的贤内助，协助我经营生意，使我们的生意一天比一天繁荣。

大约也就是在这个时候，我们学会开会的地点从酒馆转移到了格雷斯家的一个小房间（那个房间专门留出来做了我们的会议厅）。我提议：既然大家讨论论文时要参考书籍，从中寻找例证，那就还不如将所有的书集中起来放在会议厅里，用起来比较方便——大家的书，每个会员都可以用，都可以从中受益。他们听后均表示同意，而且说干就干，将各自的书拿来集中放在了会议厅的一个角落里。书的数量没有我们期待的那么多，但发挥了很大的作用。不过，由于管理不善，也出现了一些问题。后来，在一年之后，那些书又物归原主，由各自拿回了家。

这时，我提议建立一个公共性质的订阅图书馆，并拟定了方案，由著名公证人布罗克登公证，成为图书馆的章程。在"共进会"会员的努力下，图书馆一开始就有了五十名订阅户，每户先缴四十先令，在以后的五十年中每年缴十先令（此图书馆的营运期限暂定为五十年）。后来,当订阅人数增加到一百名时,我们取得了营业执照。如今,北美的订阅图书馆已多如牛毛,而我们的那一家则是鼻祖。它的创建意义重大,其重要性越来越显著。读了图书馆里的书,人们变得温文尔雅。普通商人和农民从书里汲取智慧,成了跟别的国家的绅士们同样的聪明人。也可能正因为如此,北美殖民地的居民们在某种程度上开始觉醒,有了捍卫自身权利的意识。

（备注:第一章至第二十一章 1771 年写于特怀福德村圣阿萨夫教堂主教家中,是写给儿子的家书,因此叙述的家庭琐事较多,对公众而言没有多少重要的内容。此书的后半部分则是应友人来信的要求,于多年后写成的,是写给公众看的。后来由于大革命爆发,此书的写作中断。）

第二十二章　友人来信，殷切的希望

以下是我在巴黎收到的埃布尔·詹姆斯的来信，附有我的自传摘录：

我敬爱的朋友：

　　我久有给你写信的愿望，但踌躇再三，唯恐信件会落入英国人的手中，唯恐别有用心的人把信弄到手，将信的内容公布于众，给你带来麻烦，也会给我招致非议。

　　前不久，我非常高兴地获得了你的一些手稿，大约有二十三页，是写给令郎的，里面叙述了你的出身和生平，日期止于1730年，另外还附有摘录。摘录也是你的笔迹，我誊写了一份，随函奉上。如果你愿意继续写下去，我希望这些内容有助于你，使你的前半部分手稿能跟后半部分无缝对接。但愿你能写下去，而且刻不容缓，立刻就写！一位哲人说过：人生无常，充满了变数。万一亲切厚道而又仁慈的本杰明·富兰克林一旦与世长辞,致使人世间失去这样一部隽永有味、大有裨益的作品,一部不但对少数人,而且是对千百万人既有教益又有趣味的作品,世人该会感到多么遗憾啊!这类作品对年轻一代的思想观念能产生巨大的影响——良师益友的话语对他们就是谆谆教导,这在我看来是显而易见的。年轻人受到潜移默化的熏陶,定会一心向善,努力做栋梁之材。比方说,假如你的传记发表出去(我想它一定会发表的),就可以引导年轻人自律和发奋,像你青少年时期一样——那该会多么好呀!读了你的自传,美洲大地上的年轻人可以以你为榜样,学习你的不懈奋斗的精神、对工作一丝不苟的态度、艰苦朴素的生活作风以及严于律己的高尚情操——在这一点上,任何人(哪怕是许多人加在一起)所产生的影响都逊色于你。我并不是说你的自传再无其他的优点,对这个世界再无其他的贡献,而是说它对教育年轻一代能起到非常大的作用,有着无与伦比的重要意义。

我把上面的这封信及其附件给一个朋友看了,那位朋友(本杰明·沃恩先生)回信如下:

我最亲爱的先生:

你的教友会朋友为你保留下来的记载着你一生中主要事迹的手稿,我已经细读了一遍。我早就说一定要给你写信讲一讲我的看法——我认为你把自传写完并发表,利在千秋(我的见解跟他不谋而合)。只是由于琐事缠身,我一直未能动笔,也不知何时才能如愿。现在,我总算可以忙中偷闲,能够写这封信了(至少,这对我而言是一件乐事,也是一件有意义的事情)。对于你这么一个谦虚的人,我的话也许有点刺耳。我只能说:对于任何一个像你一样善良、伟大的人,我都会这么写的。我会说:'先生,我恳请你发表自传的理由如下:你的人生经历非同凡响,你不写,别人也会写的——你自己写总比他人写强,怕的是他人写会歪曲事实。'再说,你的自传是对贵国国情的真实描写,很可能会对那些善良、勇敢的人产生影响力,吸引他们到贵国建功立业。他们迫切想了解贵国的国情,而你的名望远播四海,于是你的传记就有了广泛的影响力,这是任何宣传材料都无法比拟的。你的毕生经历也是与一个蒸蒸日上民族的一切风土人情和开拓精神分不开的。鉴于此因,你的传记之重要性,对于有心了解人类学和社会学的人而言,不亚于恺撒①和塔西佗②的著述。当然,依我看,最为重要的是:你的人生经历对后人有启迪作用,可以培养后来人的雄心壮志以及优良品质(你计划发表的《道德的艺术》可圈可点),势必会增加个人和社会的福祉。此处提到的这两部书有着特殊的意义,可以成为高尚品质的原则以及培养人才的范本。学校里的教

---

① 古罗马统帅、政治家、作家。
② 古罗马历史学家。

　　　　　　　　富兰克林自传

材往往缺乏正确的原则,论述方法也不科学,很可能会把学生引入歧途。你的书叙述方法简单明了,观点正确可靠。广大家长和莘莘学子正苦苦寻求,想寻找到一条正确的人生道路,而你的书无异于一场及时雨,为他们指出了人生目标——一种靠自身的努力完全能够实现的目标!培养一个人的人格,不宜过迟,过迟则收效甚微。年少时就应该养成良好的习惯,建立正确的人生观,长大成人后选择正确的职业,有正确的追求以及物色正确的配偶。因此,青年时期是一个转折点。在青年时期,一个人甚至还要担负教育下一代的职责。你的品行和公德意识都会在这一时期确定下来。真正的人生起于青年,止于老年。因而,这一时期必须有一个好的开端,然后毅然决然地去实现自己的人生目标。你的传记不仅有教育人的作用,还可以启迪人的智慧——聪明的人善于向智者学习,取他人之长,改自己之短。人类从远古时代便在黑暗中摸索前行,所缺乏的就是能指明方向的引路人。因此,希望你能用你的传记为天下父母和孩子指点迷津,使年轻一代成为你这样有智慧、有作为的人。在当今世界,政治家无情、军人残暴,他们在蹂躏着人类,而那些高官贵族翻手云覆手雨,并无情义可讲,于是,尤其可贵的是培育风清气正的社会氛围,培养高尚的情操、善良的人格以及远大的抱负。

你的自传里当然也会说些家长里短的事情,而这也是非常有用的,因为我们极端需要在日常生活里的行为准则,看一看你是怎么做的不无裨益。你之道乃人生之大道——你的陈述具有启蒙之功效，可以使读者眼界大开，有望成为胸襟远大的智者。了解别人的经历、学习别人的经验就是进步的阶梯——你的陈述一定会趣味横生、别开生面，给读者以教益。处理事务宜当机立断、立竿见影，而这是成功之道（我相信这是你在生活中的行为方针，因为你在主持有关政治和哲学的讨论时就是这么一种风格）。人生有得也有失，它本身就是最有价值的试验场，从中可以归纳出行为的金科玉律。

有些人迷失了道德方向，有些人一味异想天开、胡思乱想，有些人则工于心计、目的不纯，而你绝不是这样的人——你笔下展现的一定是智慧、务实、善良的形象。你的传记与我正在为富兰克林博士所写的传记一定有相似之处（你们的性格相似、人生经历相似）——出身寒门，但不以此为耻。最为重要的是，你的人生证明：一个人的出身与幸福、美德以及伟大的人格毫无关联。成功不能一蹴而就，必须有计划、有方案——你正是因为制定了人生规划，一步步实现，才最终成为一代伟人。我们同时也可以看到：结果是可喜的，而你实现人生目标的方式却十分简单，那就是坚定不移地依赖于自身善良的天性、洁净的品行、缜密的思考以及良好的习惯。你还向我们展示了一点：机会是给有准备的人的——每个人都有机会登上世界的大舞台。一个人应该有远大抱负，放眼于自己的一生，而不应纠缠于眼前的蝇头小利，忘掉未来的发展。你的成功是你终生奋斗的结果——你每一时每一刻都充满了奋斗的欢乐,而非急功近利、怨天尤人。忍耐和持之以恒是你这样伟人的优良品质,对那些锐意进取的人而言容易仿效,堪为光辉榜样。你的那位教友会信友盛赞你淳朴、勤劳和自律(在这些方面我认为你跟富兰克林博士也颇为相似),认为足为青年的榜样。但奇怪的是他竟忘了赞扬你的谦逊和大公无私。假如没有这两点,你就绝对不可能耐心地等候翱翔云天的那一刻到来,也不可能在其间安贫若饴,处之泰然。你的经历给世人上了生动的一课:一个人不应该以荣华富贵为重,而应该注重自身的人格修养。假如你的这位信友能像我一样了解你声名显赫的原因,他就会说:你以前写的文章和作为吸引了公众的目光,使他们关注到了你的自传和《道德的艺术》,而你的自传和《道德的艺术》反过来会令公众更加重视你的文章和作为。多方面的努力势必会产生良好的效果,一步步前进就会走向成功——这一点对公众是很有用的,因为人们往往不是不想自我修养和自我完善,而是不知道如何自我修养和自我完善。另外还有一点值得考虑:你的传记意义何在? 传记已不再时尚,但特别具有教育意义,你的传记尤为如此,完全不同于社会上形形色色的政客和阴谋家为自己树的碑立的传,也不同于荒唐可笑的骚客和贪慕虚荣的文人所写的传记。你的传记激励人向上,勉励后人能像你一样生活,像你一样写作,胜过《希腊罗马名人传》许多倍——一个伟人应该能够垂范于世,成为他人之榜样,否则就不能赢得赞扬。在结束这封信之前,亲爱的富兰克林先生,我向你提一个小小的要求——我恳切地希望你能秉笔直书,让世人能了解你真正的品格,怕的是一些小人会弄嘴弄舌泼脏水,玷污你的形象。你年龄大,处事谨慎,又有着独特的思维方式,如果你不秉笔直书,恐怕旁人很难深刻了解你的人生阅历以及你的胸怀。除此之外,如今大革命蓬勃发展,公众势必会将关注的目光转向革命的发起人——既然这场革命是为了捍卫道德原则,那就很有必要了解究竟是什么样的道德原则引发了这场革命。于是,你个人的品德将会成为主要的关注对象——你的品德影响了你们幅员辽阔、蒸蒸日上的国家,影响了英国和整个欧洲,它应该是受人尊敬的,能够流芳百世。我一直在为人类的幸福而担忧,因为就目前而言,人类还仅仅是邪恶、可憎的动物,只有加强自身的修养,才能大大提升自己的素质。鉴于此因,我想让大家有一个共识:人类社会里仍有品德高尚的人存在;不承认这一点,而只是觉得人类已全体沉沦,都不可救拔,那么好人就会放弃希望,不再努力奋斗,而是角逐于名利场,或偏安一隅。亲爱的先生,时不我待,赶快动手吧,把真实的你写出来,让世人了解你是怎样一个善良的人,更为重要的是证明你是一个自小就热爱正义、自由、人与人之间和睦相处的人,证明你一生都在以此作为追求的目标(正如这十七年里我们所看到的那样)。你应该让英国人对你刮目相看,不但尊敬你,甚至还爱戴你。他们一旦对你刮目相看,也会对你的祖国刮目相看。你的同胞一旦赢得英国人的尊敬，他们就会逐渐改变对英国的看法，会对它产生好感。除此之外，你还应该把眼光放得更远一些，不仅为说英语的民族谋福利，还应该克服人文和政治等诸多方面的障碍，致力于增进全人类的福祉。你自传的前半部分我并没有看过，只是对你本人有所了解，此处不揣冒昧，多请原谅。不过，根据你的生平以及你针对《道德的艺术》所写的论文看来，我不会大失所望的。以上所提的几点建议，如果你能加以采纳，就更合乎我的期待了。退一步说，你的自传即便不能满足你的崇拜者全部的希望，最起码也有利于人类思想宝库。一个人如果能给人类带来一点欢乐，那就是给我们忧愁过度、痛苦太深的生活洒下了一线光明。因此，希望你能采纳我在信中所进的忠言，拿起笔来吧！

本杰明·沃恩

1783 年，于巴黎

第二十三章　筹建图书馆不辞劳苦,家境逐渐改善

以上两封信早已收到,但我总是忙得抽不出身,直到现在才有了空闲时间,考虑着该满足朋友们在信里所提的要求了。按说,在家写自传要便当得多,那儿有日记可以参考,忘了日期有地方可寻,可是我的归期不能确定,目前稍稍有点闲空,就不妨回忆回忆往事,能写多少就写多少吧,假如以后能生还故乡,那时再做修改和补缀。

由于手边没有上半部的手稿,我记不清楚我是否叙述过在费城创建公共图书馆的过程。那家图书馆由小到大,现在已颇具规模了。我只记得当时草创时期的情况(大约是在 1730 年),那我就从这个时期开始写吧(假如以后发现这段时期已写过,可以将其删掉)。

记得我在宾夕法尼亚地区开业时,在波士顿以南的各殖民地里找不到一家像样的书店。的确,纽约和费城的印刷厂也兼营文具方面的业务,但是他们只经销纸张什么的,还经销年历、民歌和一些普

富兰克林自传

通的课本。爱好读书的人就不得不从英国订购所需书籍了。我们"共进会"的会员每个人手里都有几本书。起初,我们在酒馆开会,后来租了一个房间当会议厅。这时,我提议把各自的书集中到会议厅去以便开会讨论时参考,而且,不管谁借阅,都可以拿回家看。这条建议得到了落实,一时让大伙儿都很满意。

我看到了这个小小图书馆的长处,于是就建议推而广之,建立一个公共订阅图书馆。为此,我起草了一份计划书,拟定了一些必要的规章,然后请精通此业务的公证人查尔斯·布罗克登先生将其列成订阅合同条款。根据这份订阅合同,订户需要先交一部分钱购买图书,以后每年付一定数目的会费以添置图书。当时,在费城爱读书的人少之又少,而大多数居民都穷得家徒四壁,出不起这笔会费。我东奔西跑也只不过找到了五十个人,多半是年轻的商人,同意每人为此先付四十先令,以后每人每年付十先令。我们就靠了这点微薄的资金开始干了起来,从英国订购了书。图书馆每星期开放一天,为订阅户办理借阅手续。根据约定,读者如果不能按时还书,就加倍处以罚金。这种图书馆不久就显出了它的优越性,于是为全国各地的城镇纷纷效仿。社会各界纷纷捐款,使得图书馆的规模不断扩大,而读书也成了一种风尚——万般皆下品,唯有读书高。没过几年,根据外国观察家的看法,我国同胞的文化水平和智力层次要高于其他国家的居民。

以上提到的订阅合同期限为五十年,对我们本人和我们的后代都有约束力。当我们准备在上面签名时,公证人布罗克登先生对我们说:"你们都是青年人,但是你们当中不大可能会有人能活到本合同期满的日子。"我们当中有几个迄今还活着,但是那份合同过了几年就被一张营业执照替换,宣布为无效了,同时这个订阅图书馆也改组成了一个永久性的公司。

话说当初在招兵买马,动员人们加入订阅图书馆会员的行列时,我遭到了一些抵制,也看到了不情愿的现象,于是心里就想:推动一项有益的事业,不便以首创者的身份出现,否则会叫人觉得你想出人头地,想借他人之力抬高自己。因而,我尽量突出别人,而非突出自己,声称这是几位朋友的计划,我只不过是受他们之托向爱书人士推荐而已。这样,事情就顺利得多了,以后我每遇到这种情况就采取这种策略,屡屡获得成功,所以我打心眼里觉得此方略值得推广。如果你眼下能牺牲一点虚荣心,日后便可以得到丰厚的补偿。倘若一时不知功劳该属于何人,势必会有爱好虚荣者跳出来冒功,那时就会遭到别人的嫉妒——自会有人替你主持公道,剥掉冒功者的伪装,将荣誉的桂冠戴在你的头上。

这个图书馆给我提供了便利条件,使我通过读书不断完善自己。我每天都要抽出一两个小时读书,这样在某种程度上弥补了我没有受过高等教育的缺憾(让我受高等教育是家父的夙愿)。读书成了我唯一的乐趣——我一不进酒馆,二不去赌场,什么娱乐场所都不涉足。在工作上,我兢兢业业、勤勉不息,这也是必须的,因为我筹建印刷厂借的钱还未还完,孩子又快到了上学的年龄,诸多事务都需要钱。再说,我还得跟另外两家印刷厂展开竞争,它们都比我开业早。但尽管如此，我的家境却从容了，一天比一天好。不过，我始终保持着艰苦朴素的生活习惯。记得小的时候，父亲在教导我时，常常会引用所罗门的箴言："若是一个人克勤克俭，他将立于帝王的厅堂上，而不是流于平庸。"我当时并没有想到自己真的会立于帝王的厅堂上，只是将这句箴言作为勉励自己锐意进取的话，去获取财富和名誉，谁知后来我竟将这句箴言落到了实处——我曾经五次"立于帝王的厅堂上"，有一次甚至还跟一位国王（丹麦国王）同餐共饮。

有一句英国的谚语说得好："发达不发达，全看妻子会不会管家。"我福星高照，娶了个跟我一样勤勉不息、艰苦朴素的妻子，不仅持家有方，而且在生意上也帮忙不少，如装订书籍、照料店铺以及为造纸工收购破布作为造纸原料等，不一而足。我们家不雇用人，吃的是粗茶淡饭，用的是最廉价的家具。拿早餐来说吧——我长时间只是吃点面包、喝点牛奶（不喝茶），用的餐具是一只价值两便士的陶制粥碗和一只锡制的调羹。不过，尽管你一心要奉行简朴的原则，奢侈的现象也会一点一点悄悄溜进你的家里！一天，妻子叫我吃早饭，我发现餐桌上竟然有了一只瓷碗和一只银调羹！原来，它们是我妻子瞒着我买的，花了一大笔钱——二十三先令！对此，她既不解释也不道歉，只是说邻居家能用得起瓷碗和银调羹，她丈夫也应该享受这样的待遇。银器和瓷器这是第一次在我们家出现，以后随着时间的推移和财富的增长，我们家的银器和瓷器越来越多，最后达到了价值几百英镑的总数。

第二十四章　洁身自好,树立健康的人生观

在宗教方面,我从小所受的是长老会的熏陶。不过,长老会的某些教条(如"上帝的永恒判决""天择"和"天谴"什么的)在我看来云里雾里的,还有一些教条令人生疑。我很早以前就不到教堂做礼拜了,而是将星期天用来看书,但始终保持着一些宗教信仰。例如,我从不怀疑上帝的存在,不怀疑上帝创造了世界并按照"天意"统治着世界,相信上帝大慈大悲、不断造福于人类,相信人的灵魂是不朽的,还相信善有善报,恶有恶报,不是不报时候未到。这些是所有宗教的要素,我发现我国每一门宗教里都包含有这些内容。天下的宗教我无一不尊重,但尊重的程度有所不同——我觉得有些宗教的教义里或多或少混杂着不健康的东西,不是激励人进步、向善和友好,而是制造分歧,使我们彼此之间产生敌意。我之所以尊重所有的宗教,是因为我认为即使最坏的宗教也有一些好的效果。于是,我说话时特别注意,以免让对方觉得我对他的宗教有不好的看

法。随着居民人数的不断增加,就需要筹建新的教堂,而建筑教堂所需要的钱一般都是靠捐助。不管是哪一个宗教,凡是要我捐钱的,我从不拒绝。

我本人很少去做礼拜,但我仍认为如果主持得当的话,做礼拜是应该的,是有用的。我每一年都定期向费城唯一的长老会牧师(或教堂)缴纳捐助金。那位牧师有时以友人的身份来看我,劝我到他的教堂去做礼拜,我时而也应应景,到教堂里去坐一坐(我一连去了五次)。假如我要是觉得他是一个好的传教士,即便我需要将星期天的时间用于读书,我还会继续去做礼拜的。可他布道的主要内容不是神学上的争论,就是阐述长老会特有的教条,在我看来味如嚼蜡、枯燥乏味,没有鼓励人上进的意义。他的布道似乎不是在宣传道德原则,也不是在要求人们遵守道德规范,好像他的唯一目的是要人们入教,而非教导人们成为好人。

有一次,他引用《腓立比书》①第四章中的某一节作为布道词:"弟兄们,我还有未尽的话:凡是真实的、可敬的、公义的、清洁的、可爱的、有美名的,若有什么德行,若有什么称赞,这些事你们都要思念。你们在我身上所学习的,所领受的,所听见的,所看见的,这些事你们都要去行,赐平安的神就必与你们同在。"当时我想,既然用这样的经文作为布道词,总该讲一讲道德规范吧。谁知他归纳使徒的行为时,仅仅局限于以下五点:一、虔守安息日;二、勤读《圣经》;

---

① 出自《圣经·新约》。

三、按时做礼拜；四、参加圣典；五、尊敬上帝的传教士。这些也许全是好的品质，然而却不是我所期待的应该从《腓立比书》中归纳出来的内容。反正我失望极了，觉得不可能再从他的布道中得到教益，于是感到心灰意冷，就再也没有去听过他的宣讲。在这以前（即在1728年），我曾编过一小本祈祷书（或祈祷文），供我自己使用，叫作《宗教信条和行为》。此时，既然不再到教堂做礼拜，我又重新开始用这本祈祷书了。至于这样做是对还是错，可以暂且不论——我不愿做深一步的讨论，因为我的目的是陈述事实，而不是非得澄清是非。

差不多也就是在这个时候，我产生了一种想法，想做一个在道德上完美无瑕的人，于是准备实现一个大胆且难以办到的计划——我渴望今生今世都不再犯任何错误，打算克服所有的私欲、坏习惯，不结交任何不良之友。我知道（或是自以为知道）何者为善，何者为恶，所以完全可以做到趋善避恶，但不久便发现我给自己定的目标实在太高，并不如想象的那样容易实现。当我全力以赴准备克服一个缺点时，另一个缺点就会出乎意料地冒出来——习惯的力量强于意志，私欲有时会战胜理智。最后我得出了一个结论：不管你的想法有多么好，不管你多么渴望当一个完美的道德君子，都无法阻止自己犯错误；要想做一个品行端正的正人君子，就得持之以恒地付出努力，克服一切不良习惯，培养良好的生活习惯。于是，我就做了以下思考，想出了以下的办法。

在读书的过程中，我发现对于道德规范的概念，作者们可谓众说纷纭,仁者见仁智者见智,甚至对某一特定的条目也说法不一,有的涵盖内容多,有的涵盖内容少。拿"节制"一词为例,有的仅仅指饮食的节制,有的则认为它的范围比较广阔,应该包括娱乐、私欲、癖好以及肉体和精神上的欲望,甚至还包括贪婪和野心。依我陋见,要想澄清概念,就应该多列几个项目,而每个项目中少包含一些内容。于是,我根据自己的体会列出了十三个项目,而每个项目仅仅包含寥寥数语(这寥寥数语足以说明意思了)。

这些道德规范的项目及其含义分列如下:

一、节制:食不过饱;饮酒不醉。

二、谨言慎行:言必于人于己有益;避免说闲言碎语。

三、生活井然有序:每一样东西应有一定的安放地方;每件日常事务当有一定的时间安排。

四、坚强的决心:做到言必信,行必果。

五、艰苦朴素:用钱用在刀刃上,切忌铺张浪费。

六、勤勉不息:不浪费时间;只做有益的事情,凡是无益的事情一律不做。

七、诚恳待人:不打诳语,待人坦诚和公道,只说诚实的话。

八、公正无私:不做损人利己的事;不忘自己的职责,造福于社会。

九、中庸之道:避免走极端;宽以待人,善于化干戈为玉帛。

十、清洁:身体干净,衣服和住所都应该整洁。

十一、镇静:不管遇到大事还是小事,抑或不可避免的事故,万不可惊慌失措。

十二、洁身自好:除非为了身体的需要以及传宗接代的需要,否则万不可滥行房事;绝不纵容淫欲,免得有损于自身和他人的荣誉。

十三、谦虚:以耶稣和苏格拉底为榜样,做谦谦君子。

第二十五章　遵守道德规范,做道德君子

　　我有意将以上所列的道德规范全部落实到行动上,但又深知不能一蹴而就——如果四面开花,会分散精力,不如一段时期集中力量落实其中的一项,然后步步推进,一项一项地落实,乃至将十三项道德规范全部化为行动。鉴于各项之间相辅相成,落实一项势必会对另一项产生影响,于是我便做了以上的排列。之所以将"节制"排在首位,是因为它能叫你保持头脑冷静和清晰。有了冷静和清晰的头脑,你就可以时常保持警惕,抵御旧有坏习惯的复发以及来自四面八方的诱惑。将这一道德规范落实于行动之后,"谨言慎行"就容易做到了。我一方面渴望成为道德模范,一方面还想扩大视野、增进知识——以前我喜欢在人面前谈笑风生,说俏皮、打趣的话,倒是能赢得一些喜欢热闹的听众,现在意识到在获取知识时用耳朵听比用嘴说管用,于是我决定改掉以前的习惯。所以,我把"谨言慎行"列在了第二位。落实了这一项以及第三项"生活井然有

序"，我就会有更多的时间来安排我的生活和学习了。而一旦将第四项"坚强的决心"培养成习惯，落实其他的项目便有了定心力。有了"艰苦朴素"之美德，我便可以还清债务，逐渐积累财富，过上不依不靠的日子，那时要落实"诚恳待人"和"公正无私"等项目就容易得多了。等到这一切完成之后，还应该根据毕达哥拉斯①在《金色诗篇》中所提的建议，对其效果进行检查。于是，我就制定了以下检查的方法……

我订了一个小本子，一页列一项道德规范，用红墨水画出七列，一星期的每一天占一列，每一列上注明代表星期几的一个字母。然后，我用红线在这些竖行上画出十三条横线，在每一条横格的起点处注明每一项道德规范的第一个字母。如果在检查的过程中发现自己触犯了哪条规范，我就在横格的相应位置涂黑点。

我决定每星期集中精力落实一项道德规范。于是在第一个星期，我密切关注自己的行为，避免有丝毫违反"节制"这一项的地方，对于其他的若干项则给予一般性的关注度，只是在晚间记下当天的过失而已。在第一个星期，如果标注着"节制"那一行没有涂黑点，就可以说这一项道德规范得到了加强，反作用力已经减弱，于是我就能够将注意力集中于下一项，力争不出现黑点。这样以此类推，十三个星期便能够完成一个过程，而一年可以循环四次。这就像给花园锄草，不可能一下子就锄得干干净净（任何人都做不到

———————

① 古希腊哲学家、数学家。

这一点），但如果你一次只给一个花坛锄草，锄完一个再锄一个，最后总能锄完的。我也一样，根据表格看到自己一步步在取得进展，不禁会感到欢欣鼓舞。通过几轮循环，每天都检查十三项指标，如果表格中最终将不会再有黑点，本子上干干净净的，我一定会喜笑颜开。

在这个道德规范小本子上，我从艾迪生①的《卡托》②摘录了几句诗作为座右铭：

> 要做我就绝不放弃，
>
> 如果天上有上帝
>
> （日月星辰做证：他的确在那里），
>
> 他一定把美德认作真谛，
>
> 那儿一定有人生的乐趣。

另外，我还引用了西塞罗③的话作为勉励：

> 啊，哲学，你是人生的指南！
>
> 你追求美德，把邪恶驱赶！
>
> 有了你的指点，人生就安全，

---

① 英国 18 世纪诗人、剧作家、散文家。
② 艾迪生创作的悲剧。
③ 古罗马政治家、雄辩家、哲学家。

就能躲过罪恶,避开凶险。

小本子上还摘录了一段所罗门的箴言,是关于智慧或美德的箴言:

> 智慧(或美德)右手掌握着长寿的秘诀,
>
> 左手掌握着财富和荣誉;
>
> 有了它,就有了幸福和欢愉,
>
> 就有了安详和静谧。
>
> (《圣经·旧约·箴言》第三章第十六节第十七段)

我断定上帝是智慧的泉源,所以我认为在寻求智慧时,就应当祈求上帝的帮助。鉴于此因,我写了下面一篇短短的祈祷文,放在需要检查的表格前面,以便日日诵读:

> 啊!万能的上帝!慷慨的天父!仁慈的指路人呀!赐给我智慧吧!
>
> 让我在迷茫中认清真理,坚定我的决心,按照智慧女神的指引进取!
>
> 请接受我的请求,我愿为你其他的子民服役——
>
> 为了报答你的恩泽,我愿尽全力。

有时，我还吟诵汤姆逊①以下的诗行作为祈祷词：

仁慈的上帝啊，是你给了我们光明和生命！

赐给我智慧吧，让我明辨什么是美好的德行，

远离愚昧、邪恶和虚荣，

远离一切低级趣味的操行，

让我的灵魂充满知识、智慧、安宁、单纯和洁净，

使我的灵魂变得神圣、充实，永远荡漾着喜悦之情！

　　根据道德规范中"生活井然有序"这一项的要求，我应该对每一件事情在时间上做出安排。在小本子上，我写下了一天二十四小时各项事务的安排：

上午：

五点钟起床、盥洗、向上帝祈祷。

六点钟安排一天的事务，并做出决定。

七点钟安排当天的学习内容，吃早饭。

八点钟、九点钟、十点钟和十一点钟工作。

中午十二点钟吃饭。

下午：

---

① 苏格兰著名诗人。

一点钟读书和检查账目。

两点钟、三点钟、四点钟和五点钟工作。

傍晚：

六点钟归纳总结一天的事务。

七点钟吃晚饭、听音乐和娱乐。

八点钟和九点钟跟亲友聊天以及反思。

十点钟、十一点钟、十二点钟以及次日凌晨的一点钟、两点钟、三点钟和四点钟睡觉。

富兰克林自传

第二十六章　培养良好的生活习惯,成就幸福的人生

　　我说干就干,立刻开始执行这一计划,将其视为检查自身的一面镜子。除过偶尔因故有所间断,这项计划一直坚持了下来。结果,我惊讶地发现自己身上竟有那么多的缺点,简直超出了我的想象。但随着时间的推移,缺点在一点点减少,这叫我感到满意。一次循环结束后,我就把以前的缺点标记擦掉,以便在下一轮循环开始时记下新的缺点。天长日久,小本子被擦得破损不堪。因此,就得不断地换新本子。为了免除这一麻烦,我就把表格和箴言放在了一本纸张很厚的纪念册里,用红墨水画线条,这样做可以长时间保存。我用黑铅笔把自己的缺点记在表格里,不需要时用湿海绵一擦就掉了。过了一些时候,我一年才能完成一次循环,后来又改成了几年完成一次,乃至最后彻底放弃——我经常到外地去,或因公务到国外去,免不了受到各种杂事的干扰。不过,不管到哪儿去,我身上总是带着我的小本子。

落实"生活井然有序"这一项道德规范,我遇到的麻烦可真是不少。对于工作比较稳定,可以自己掌握时间的人,例如印刷厂的工人,落实这一项倒还容易,但对于一个老板就不一样了——做老板的必须出外应酬,跟各种客户打交道,缺乏时间上的保障。再者,根据这一项规范的要求,文件以及各种物品必须各归其位——这对我而言极其困难。我自小就没有这种习惯,因为记忆力好,能记得东西所放的位置,从未感到有什么不便。落实这一项不知花费了我多少心血。这些缺点令我苦恼万分,改正的时候进展极其缓慢,而且常常出现反弹。我心灰意冷,几欲放弃努力,宁愿在这方面留下缺憾。我当时的情况跟一个买斧头的人很相似——此人要从铁匠那儿买一把斧头,提出让铁匠把斧头全身打磨得跟斧刃一样铮亮;铁匠同意打磨,请他帮着摇动磨刀轮的轮子;此人摇轮子时,铁匠用劲把斧头比较阔的一面重重地压在磨刀轮上,这样使得摇轮子很吃力;此人不时丢下摇轮,跑过去看斧头是否已磨光,最后累得不愿再摇下去,宁肯要原来模样的斧头。这时铁匠说:"别放弃,继续摇,继续摇,总会打磨亮的,上面只留有几处锈斑了。"此人说:"不摇了。我挺喜欢有锈斑的斧头。"我敢肯定,很多人都跟这种情况类似,一心想完善自己,但缺乏我所采用的方法,所以在纠正坏习惯培养好习惯的过程中觉得千难万难,于是中途而止,只好"喜欢有锈斑的斧头"了。我时不时会产生一种想法,觉得其中不无道理:我如此刻意追求完美也许是愚蠢之举,一旦被人知道,很可能成为笑柄,会因为着意将自己打造成"完人"而遭到嫉妒和敌视,给自己带来不

富兰克林自传

便——一个人应该允许自己有一些缺点，别让周围的人觉得尴尬。

　　说实在的，我觉得自己在落实"生活井然有序"这一项上简直是无可救药。如今老了，记忆力变差了，记不清东西所放的位置了，这才深切感到缺乏这一习惯是多么不方便。不过，从总体来说，我虽未实现自己的梦想成为"完人"，而且还差得很远，但在努力的过程中却感到十分开心和快活（假如不进行这方面的尝试，我是不会达到如此境界的）。这就跟临摹字帖的人一样，本意是想笔走龙蛇，写一手好字，最终虽未达到理想的境界，但通过练习也小有所得，写出的字也还遒劲、俊美，让人看得过去。

　　也许应该让我的子孙后代知道：我一生顺风顺水，到了七十九岁的高龄还著书立传，完全归功于这个道德规范小本子的勉励和上帝的保佑。至于在以后的岁月里会出现什么情况，则由上天决定。天有不测风云，即便生活中出现逆境，我认为自己过去已经获得了幸福，此时也会以坦然之心面对逆境。由于信守"节制"一项道德规范，我多年无病无灾，至今身体状况良好；因为"勤勉不息"和"艰苦朴素"，我很早就过上了安逸的日子，积累了很多的财富和知识（勤奋好学使得我成为一个有用的人，在学术界享有一定的声誉）；鉴于能"诚恳待人"及"公正无私"，我赢得了祖国的信任，担任了光荣的职务。在这一项项道德规范的影响下（虽未达到尽善尽美的境地），我脾气平和，跟人谈话轻松愉快，甚至在这垂暮之年也深受欢迎，连年轻人也乐于和我交往。但愿我的子孙后代能从我的经历中获得教益，使他们的人生结出硕果。

应当注意的是:我的修身规划中虽然并非完全没有宗教的痕迹,但也没有列入任何一个教派的教义。我有意避开这种倾向,是因为我深信自己的这一规划切实可行,一定会有很好的效果,对于信仰各种宗教的人都有用。我打算有朝一日将其发表,所以不能厚此薄彼,里面不能有偏见。我计划着针对每一项道德规范都写上几段解释和评论,指出它的益处,同时说明反其道而行之的恶果,然后汇集成书。我打算称这本书为《道德的艺术》,因为此书介绍培养美德的途径和方法,有别于仅仅劝人为善,却不告诉方式方法的书籍——后一类书籍就像是口头行善的使徒,见了衣不遮体、食不果腹的人,只是劝告他们要吃饱穿暖,却不告诉他们怎样才能获得衣服和食物。(《圣经·新约·雅各书》第二章第十五、十六段)

第二十七章　修身养性,端正品行

　　我打算针对道德规范写一些评论文章,然后发表,可是一直未能如愿。我倒是经常写一些感想或思考什么的(至今我手里还保留着一些),打算日后著述用,但由于那段时期家事国事过于繁忙,占去了我的主要精力,使得写书的事一拖再拖。我当时觉得撰写此书是一项宏伟、远大的规划,需要投入全部精力,谁料得到后来一件事接一件事,使我无法实现这一规划(此书至今未完稿)。

　　在这部作品中,我渴望阐明和宣传一个原则:如果只考虑人性,邪恶的行为不是因为遭到禁止而有害于社会,而是因为有害于社会才遭到禁止;因此,如果一个人想生活得幸福(即便是在现世),也应该做一个善人(这对他大有好处);在这个大千世界里,总有一些富商、贵族、政府要员和王室成员需要诚实的人帮他们管理事务,而这样的人少之又少(我的本意是让年轻人了解:正直和诚实是一个人最为可贵的品质,它们可以叫穷者变富、贱者变贵)。

我的道德规范原本只列了十二项。一次，一个教友会的朋友出于好心，说人们都觉得我有点傲慢，说话盛气凌人，跟人讨论问题时不仅坚持己见，还桀骜不驯，很是张狂。针对我的这一缺点，他举出了若干事例。我听后，决心尽一切努力改正这一缺点（或者说是愚蠢的行为），于是就在我的道德规范里又增加了"谦虚"这一项，并使这个词有了广泛的含义。

至于培养这一项美德，我不敢说自己在实际上取得了多大成就，但在表面上却付出了很大的努力。我给自己立了一条规矩：对于别人的看法，绝不说直接抵触的话；绝不坚持己见，出言不逊。我甚至按照我们"共进会"的老规矩行事，不说过头的话，不许自己使用诸如"一定地""无疑地"等武断的字眼，而是使用"依我看""我料想"，或是"我看事情恐怕就是如此""现在在我看来好像是这样的"等词语。如果我认为别人的观点是错误的，我不会只图一时痛快立即予以反驳，指出对方的荒谬之处，而是在回应时，说他的观点在某些情况下是正确的，只是在当前的情况下跟我的看法有点不一样，凡此种种。不久我就发现了这种改变说话方式的好处——我跟别人谈话，气氛变得融洽了许多。由于我陈述自己的观点时态度谦虚，很容易为人所接受，少有人抵触。这样，即便我的观点是错的，我也不会感到十分尴尬，而如果我是对的，就比较容易说服别人更正错误，接受我的意见。

这种做法，起初难免会遇到一些困难，后来就变得轻松容易了，最后竟成了一种习惯，恐怕在这五十年中没有人听我说过一句武断的话。早年,当我提出建立新的体制或修改旧体制时,总会受到同胞们的重视,以及后来自己当了议员,能在议会产生举足轻重的影响,我想主要得益于此(当然也得益于我公正无私的人格)。我不善辞令,从来不是一个能言善辩的人,讲话疙里疙瘩,常有语病,但是尽管如此,我的主张一般仍然得到了人们的拥护。

说实在的,在人的天性中,"骄傲"大概是最难克服的缺点了。不管你给它披上什么样的外衣,怎么跟它搏斗,怎么压制它、打击它、千方百计想根除它,它仍然会顽强地活下来,时不时会露出头表演表演。在这本自传里,你也许会常常看到它的踪影——即便我自以为已经完全克服了这种缺点,也会因为自己变得"谦虚"而产生"骄傲"的心理。

(备注:以上文字1741年写于帕西。)

(备注:现在是1788年8月,我在家中,准备继续写下去。我原指望有资料可以参考,谁知许多资料都在战争中遗失了,但幸好还找到了以下一些内容。)

在前边,我提到过自己在酝酿一项"伟大、意义深广的事业",此处有必要对这项事业及其目标略加说明。最初,我之所以产生了这样的念头,与以下有幸保留下的一段文字记载有关。

1731 年 5 月 19 日图书馆读史有感：

党派之争影响着天下大事，可以引发战争和革命……

各党派观点不一，都有着自己的切身利益（或者它们以为那是自己的切身利益）。

党派分歧往往会造成社会动荡。

一个政党在确立大方向时，每个党员都会以自身利益为重；

一个政党一旦实现了自己的目标，党员们就会争权夺利、相互攻击和拉帮结派，结果造成混乱。

在处理公共事务时，政治家们尽管可以说得天花乱坠，但很少有人以国家利益为出发点。他们的作为也许真的能给国家带来一些实际的益处，但他们主要考虑的是自身利益，然后才是国家利益，在行动上缺乏报国的情怀。

处理公共事务时，能以人类利益为重的政治家更是凤毛麟角。

在我看来目前很有必要把各国有德行而又善良的人组织成一个正规的团体，定名为"联合道德党"，制定出切实可行、开明公正的党章——那些有德行而又善良的人一定会不折不扣地遵守党章，其热情一定会高于普通人遵守法律。

依我看，眼下只要有一个敢于担当的人能挺身而出，挑起这副重担，就一定不会辜负上天的期待，势必会获得成功。

本杰明·富兰克林

富兰克林自传

第二十八章　投身社会活动,展现自身才华

　　我开始留心筹建社团的事宜,打算一旦条件成熟,自己有了时间,便着手办理。于是,只要一有想法,我就将其记录下来。这些笔记大部分都遗失了,不过我还是找到了其中比较重要的一篇——这篇笔记原拟作为教条草案要旨,所包含的内容与任何一个宗教都不会有冲突。其表述如下:

　　　　上帝创造了万物,

　　　　他顺应天意,统治着世界,

　　　　应该受到崇拜、爱戴、敬仰和感激。

　　　　我等子民应广行善事,

　　　　这是对上帝的最好报答。

　　　　灵魂永远不灭——

　　　　上帝赏善罚恶,无论是今生还是来世。

当时,我觉得组织这样的一个社团,应该先在年轻的单身汉中间宣传自己的主张——凡是有意加入者,不仅要同意接受以上的信条,还需要用十三个星期的时间自我反省和实践那十三项道德规范。按照规定,这个社团需要暂时保密,到了一定的规模再公开,以防止不具备资格的人混入。社团的成员有物色人选的责任,在自己的亲朋好友中寻找有才华、心地善良的青年,然后谨慎小心地把社团的计划告诉他们。社团成员应该同舟共济,相互帮助,尊重彼此的利益,共同进步,共同发展。我给社团取名叫"自由和进步促进会"。所谓"自由",指的是通过实践道德规范,养成良好的习惯,摆脱所有的恶习,尤其是通过实践"勤勉不息"和"艰苦朴素"这两项道德规范,避免陷入债务泥潭(负债会束缚一个人的手脚,使他成为债主的奴隶),保持自由之身。

　　关于这个计划,我能记起的就这么多。当时,我将这个计划透露给了两个年轻人,他们热情很高,跃跃欲试地想参加。可是,由于情况受限,再加上我忙于繁杂的事务,此计划一拖再拖,一直未果。那时的私事和公务千头万绪,使我抽不出一点时间,只好将它束之高阁,乃至最后再无精力(或动力)推行这一计划了。不过,我现在仍觉得这是一个切实可行的计划,能够把许多优秀人才组织起来,有着非常积极的意义。我当时没有身体力行,并非是知难而退——我一向以为:但凡有一定能力的人,只要制订出好的计划,然后心无旁骛,不受任何杂念的影响,全力以赴、持之以恒地去执行这项计划,就能够带来巨大变化,成就一番伟大的事业。

1732 年,我用"理查德·桑德斯"这个名字出版发行了我的历书,后来一版再版,连着发行了大约有二十五年,人们普遍称它为《可怜的理查德历书》。我绞尽脑汁,将这本历书编得既有趣又实用,结果它畅销多年,每年销售量几达一万册之巨,让我把钱赚得盆满钵满。鉴于这本书广为流传,几乎本地区每一家每一户都有一册,我就想到这不失为一种教育百姓的有力工具(当地的百姓几乎不看别的书)。于是,我见缝插针,将醒世箴言印在重大节日之间的空白处,教导人们要克勤克俭,以此积累财富,培养良好的操行。我深知"人穷志短"这种说法,知道囊空如洗的人很难一贯信守"诚恳待人"这一道德规范,便在历书上印了箴言"袋子空了,不容易站得直",以示警诫。

这些箴言包含着各民族、各时代的智慧,我把它们收集在一起,写成一篇一气呵成的文章,放在 1757 年历书的卷首,就像一个智慧老者在拍卖场上拍卖自己的宝贝。分散的箴言集中在一起,犹如若干珍珠被穿在一起,产生了明显的效应,广受好评。这篇文章为美洲大陆各家报纸纷纷转载,英国人也将其印在巨幅纸张上,张贴于家里的墙上,法国亦出现了两个法文译本。传教士和豪绅大量订购,免费赠送给贫苦的教友和佃农。在宾夕法尼亚,由于它反对把钱财浪费在外国奢侈品上,在它问世以后的几年中,本地的货币流通持续见涨,有人认为它功不可没。

我觉得报纸也是一种劝人严守道德规范的工具,于是常在我办的报纸上转载《旁观者》的醒世文章或一些道德君子撰写的稿件，有时也将我自己的文章发表于报端（这些文章是为"共进会"撰写的）。我的文章中有一篇引用了苏格拉底的对话，旨在证明：一个道德败坏的人，即便他才华出众，有通天的本领，也不能被称为一个有理性的人。还有一篇是讲自我约束的，意在说明：一项美德，只有通过长期培养，使其成为习惯，不受外界的干扰和影响，才能真正扎下根。这些文章可以在1735年年初的报上找到。

为报纸采编稿件时我是比较谨慎的，对于诽谤性的和带有人身攻击意味的文章一概不用（近几年这类文章较多，有损于我国的尊严）。这类文章的作者往往会找上门来，要求我刊登他们的作品，声称报纸应该坚持言论自由的原则，还说报纸就像公共马车，谁花钱谁就可以坐。我的回答是：假如他愿意，我可以替他单独印行，由他自己去散发，他需要多少份我都可以办到；我本人不愿承担责任，为他散播攻击他人的言论；我跟报纸订户是有约定的，只刊登有益的或有趣的稿件，而不能刊登与订户无关的涉及私人恩怨的文章，因为那样对订户是不公平的。许多办报人不讲原则，一味地满足个别人的私欲，刊登无事生非、造谣诽谤的文章，其中不乏卑鄙小人对正人君子的攻击，增加人与人之间的仇恨，甚至会引起决斗。此外，有些报纸随心所欲，竟然刊登污蔑他国政府的文章，有的甚至还往我们最好的盟国头上泼脏水，很容易导致严重的后果。我说这些是要给那些没有经验的办报人提个醒：千万不要有如此下作的行径，这样只会玷污自己的报纸，令报业蒙羞，而应该坚决拒绝刊登不良文章。从我的事例可以看到,这样的方针总体上是无损于办报人的利益的。

第二十九章 妇女能顶半边天,学习外国语

1733 年,我派了一名员工到南卡罗来纳的查尔斯顿去办分厂（那儿急需要一家印刷厂）。我供给了他一架印刷机和一些铅字,跟他订了一份合伙合同——根据合同,我将获得三分之一的盈利,负担三分之一的开支。他是一个有学问的人,诚实廉洁,但不懂簿记,所以我可以收到他汇来的盈利,却不了解他的财务状况,也不能令人满意地了解他的经营情况。后来,他离开了人世,他的遗孀替他管理印刷厂的业务。该女子生于荷兰——据说,簿记是那儿的女性所受教育的其中一项。针对以往的财务收支情况,她给我寄来了一份报告,要多清楚就有多清楚,而且在以后的每个季度都按时寄报告给我,每一份都条目清晰。她把生意做得十分成功,不仅体体面面养大了儿女,还能够在我们的合同期满后将印刷厂从我手里买过去,交给她儿子经营。

我提这件事,主要是为了向我国的年轻妇女们推荐簿记这门学

　　　　　　　　　　　　　　富兰克林自传

问——万一结婚后守寡,簿记大概会比音乐或跳舞对她们本人及她们的子女更有用,它可以使她们不至于受奸商的欺骗而遭受损失,可以帮助她们继续经营亡夫的生意,建立自己的生意网,赚钱养家糊口,等儿子长大后,便将生意交给儿子,这对家庭生活以及财富的积累都大有益处。

大约在 1734 年,一个叫亨普希尔的年轻的长老会传教士从爱尔兰来到了我们地区。他声音悦耳,传教时口若悬河,简直是天花乱坠、地涌金莲,吸引来了相当数量属于不同教派的人听他宣讲,对他都非常敬佩。我也是他的崇拜者之一,常去听他传教。我喜欢听他传经布道,因为他的布道词不是教条式的说教,而是以劝导的方式鼓励人们向善,用宗教术语来说就是"以慈悲为怀,广行善事"。不过,听众里夹杂着一些自命为正统派长老会信徒的人,他们反对他的观点。大多数年长的牧师都站在了这些反对派的一边,在长老会开会时对他提出指控,说他宣讲的是异端学说,想要禁止他传教。我却是他热烈的拥护者,尽我的绵薄之力召集了一些愿为他打抱不平的人,并且抱有必胜的信念。当时,双方展开了论战,发表文章驳斥对方的观点。我发现他虽然口才好,文笔却欠佳,于是替他执笔,代他写了两三本小册子和一篇檄文(该文发表于 1735 年 4 月的《公报》)。这些小册子一时掀起轩然大波,读者甚众,但很快就不再流行了(辩论性的读物大抵如此),恐怕现在连一本也找不到了。

就在论战如火如荼之际,发生了一件不幸的事,大大地损害了他的事业。敌方阵营里有一个人,在听他讲完了一篇大受人们赞美的布道词以后，觉得自己以前在什么地方读到过，或是至少读到过其中的一个部分。经过一番调查，此人在一本《英国评论》中找到了那段布道词的出处，发现他引用的是福斯特博士的布道词。这一发现让我方阵营中的许多人都大倒胃口，不再支持他，结果迅速导致了我方在论战中的失败。不过，我仍然一如既往地跟他站在一起，因为我宁肯听他念别人写的优秀的布道词，也不愿听他念自己撰写的劣质布道词（在我国，传教士一般都是宣讲自己编写的布道文）。后来，他向我坦白，说他的布道词没有一篇出自于他的手笔——他记忆力惊人，能够过目不忘，看了别人的布道词，就能够用于自己的传经布道。我们遭遇惨败之后，他就走了，到别处碰运气去了。我不再去听长老会传教士的宣讲，但仍继续捐钱支持他们，达许多年之久。

1733 年，我开始学习外语，先学习法语，不久便驾驭了这门语言，能够轻松地读法语书了，接着就着手对付意大利语。有个熟人也在学意大利语，他常常约请我跟他下棋。后来我发现下棋过多地占用了我学习的时间，便提出如果他能满足如下条件，才愿意继续和他对弈：每盘棋的赢家有权指定输者完成一种作业，或背诵意大利语语法规则，或翻译，而输者必须在下次对弈之前不折不扣地完成。由于我俩棋艺不相上下，便起到了相互促进的作用。后来，我又花了些时间学习西班牙语，达到了能够阅读西班牙语书籍的程度。

我在上文中提到过，我幼年时曾在拉丁语学校中学过一年拉丁文,以后就完全把它置之脑后了。但是,我熟悉了法语、意大利语和西班牙语以后,一次翻阅一本拉丁文《圣经》时,竟出乎意料地发现自己所懂得的拉丁文远比我想象的多。于是,我深受鼓舞,又开始刻苦钻研拉丁文,而且斩获颇丰——前边学的几门语言为我大大铺平了道路,使得我高歌猛进。

由此看来,我们学习语言的模式多有不妥之处。有人认为:学习语言应当先从拉丁文开始,掌握了拉丁文以后,再学习由拉丁文演变出来的现代语言就容易得多了。可是,我们何不先从希腊文开始学呢?那样掌握拉丁文岂不是更容易一些? 如果你在求知时不是拾级而上便能登顶,往下走固然容易,但假如你从最低的台阶一级级往上攀登,效果肯定会更好。有许多人学拉丁文,学了几年后不见成效,便半途而废了,掌握的那点知识几乎完全无用,白白地蹉跎了岁月。因而,我向主管青少年教育的部门提一条建议:学习外国语最好先从法语开始,然后学意大利语等语言。这样,几年之后,即便他们尚未达到攻读拉丁文的阶段,就不再学习外国语了,他们却已经学会了一两种外国语,而这一两种外国语是现代语言,在日常生活中大有用武之地。

第三十章　手足托孤，为公共事务贡献力量

阔别波士顿转眼已经十年。以前缺乏盘缠，我想回波士顿也回不了。而今经济条件好转，我便束装起程回乡探亲访友。在返回的路上，我顺便去纽波特①看望了哥哥(他在那儿定居，把印刷厂也迁了去)。我们过去的旧嫌已经冰释，见面时分外亲热，气氛十分温馨。由于健康状况急剧恶化，他觉得自己将不久于人世，托我在他死后照管他年仅十岁的幼子，让我把他的儿子带回家抚养，长大后叫他从事印刷业。后来，我遵从他的遗嘱，先送他儿子上学校读了几年书，然后叫他学印刷业。这期间，孩子的母亲继续经营印刷厂的业务，直到他成年时为止。他成人后，我送给了他一套新铅字，因为他父亲的铅字有点磨损了。以前，我合同期未满就提前离开了哥哥，使他蒙受了损失，现在总算做出了充分的弥补。

---

①　美国东北部滨海城市。

　　　　富兰克林自传

1736 年,我的一个儿子,一个年仅四岁的乖儿子,因感染了天花不幸夭折。我伤心了很长时间,为没有给他种痘追悔莫及。至今想起来,我还是感到非常懊悔。此处提及此事,是要提醒天下的家长:如果不种痘,万一孩子夭折,他们将永远也不会原谅自己的,我的情况就是一例。不管种痘不种痘,万一孩子死了,家长都会非常悲痛的,但种痘总比不种痘安全系数高一些。

　　我们的"共进会"办得有声有色,会员们人人都觉得十分满意,于是就有人提出想介绍朋友入会。倘若吸收新会员,就会超过我们以前设定的人数,即十二人。一开始,我们就立下过规矩,要求大伙儿保持学会的秘密性(这一点我们都信守不渝),怕的是有什么不妥当的人申请入会,而我们又不好拒绝。我和几位会员一样,坚决反对吸收新成员。不过,我草拟了一份书面建议:每一个"共进会"会员可以建立一个分会,制定相同的关于研讨方面的规矩,等等,但不让分会的会员知道他们与"共进会"的从属关系。这项建议的好处在于:更多的年轻人可以通过入会提高自身修养;"共进会"的各会员在自己建立的分会提出研讨的题目,再将研讨结果汇报给"共进会",如此我们就能更好地了解社会上的民意;人多了,就有了人脉,对我们各自的事业不无益处,还能提高我们对公共事务的影响力——通过分会传达"共进会"的意志,会有事半功倍的效应。

　　这项建议获得了通过。接下来,各个会员着手筹建自己的分会,但并非人人都如愿以偿了,最后只有五六个分会筹建了起来,名称各异,如"青藤社""联谊社"和"公益社"什么的。这些分会不仅对分会会员有益，也对我们有好处，给我们带来了许多乐趣、信息以及教益，在很大程度上传播了我们的观点，在某些特殊的事件中扩大了我们对公众舆论的影响（这一点，我后面还会在适当的时候举例说明）。

1736年，我当选为地区议会秘书，这是我生平第一次在政界获得升迁。那年我是全票当选，但第二年，当我的名字又一次被提出来时（秘书的任期跟议员一样，都是一年），一个新议员为了能使另一个候选人获胜，发表了长篇演讲，反对我入选。不过，我最后还是当选了。我为此而感到特别高兴，因为这个职位不仅可以给我提供薪金，还有助于我跟议员们建立密切的联系，由此获得一些生意，如印刷选票、法律文件、纸币和其他一些零星公文什么的，反正是好处多多。

那位新议员反对选举我，这叫我产生了顾虑，因为他是个有钱有势的绅士，文化程度高，很能干，有朝一日一定能成为议会里举足轻重的人物（后来果真如此）。不过，我可不愿曲意逢迎，靠谄媚赢得他的欢心，后来便采取了另一种方式改善和他的关系。我听说他的藏书中有一本稀有的珍本，就写了一封短信给他，表示我很想看那本书，希望他能借给我看几天。他立刻把书寄来了。大约过了一星期，我还书时附了一张纸条，衷心地表达了自己的谢意。待议会再次开会时，他主动跟我说话（这在以前是从未有过的），显得热情和有礼貌。从那以后，他一有机会就帮助我。我俩成了心心相印的好友——我们的友谊一直持续到他去世为止。这件事印证了我以前听到过的一条箴言："假如一个人帮了你一次忙,那么以后他会比受过你恩惠的人更乐意帮助你。"同时,这件事也表明:化干戈为玉帛比以牙还牙地进行报复要有益得多。

1737 年,斯波茨伍德上校(弗吉尼亚的前任总督,当时的邮务总局局长)因不满意费城邮务代办在处理账册方面的疏忽失职和账目不明,把他革了职,提议叫我继任。我欣然接受了,后来发现这个职位对我大有裨益,因为虽然它的薪水少,但为寄送邮件提供了方便,有利于我的报纸发行,结果使发行量大增,而且还便于招揽广告,大大增加了我的收入。至于我的那位老对手,他在管理费城邮务时禁止邮差寄送我的报纸,此时我虽然并未采取报复措施,但他办的报纸却每况愈下,主要是由于他财务管理不善造成的。此处我提到的这段往事可以作为年轻人的前车之鉴——在为他人经营业务时,一定要始终做到账目清晰,按时上交结算款项。如果你有这样的优良品质,它本身就是最好的推荐书,是找工作的敲门砖,是你发展事业的基石。

这时,我将一部分精力投放在了公共事务的管理上,开始的时候从一些小事入手。费城的巡夜制度是我认为亟待加以整顿的事项之一。巡夜是由各区的警官轮流负责的,由他们通知若干住户跟他们一起执行这一任务——凡是不愿巡夜的,每年出资六先令,就可以免去这项差役。这笔钱原定是用来雇用替代人的,但是却大大地超过了实际的需要,这就使得警官这一职位成为一个肥缺。警官们常常找一些流浪汉跟他们一道巡夜,给流浪汉几杯酒作为犒劳

（体面的住户是不愿跟这样的人在一起的）。而且，他们常常是应付差事，巡夜时饮酒作乐。为此，我写了一篇论文，准备在"共进会"宣读，指出了这些不正常的现象，特别强调警察在征收代劳费时不管缴费人的具体情况，而是一律征收六先令，这样的做法有欠公道——一个穷苦寡妇户主需要保护的全部财产也许不超过五十英镑的价值，而她所付的巡夜税却和一个仓库中贮藏着价值数千英镑货物的大富商完全一样。

我提出了一项巡夜制度，大体来说是一项行之有效的制度。根据这个制度，警官需要雇用合适的人经常性地参加巡夜，摊派代劳费时必须遵照公平的原则，即按照财产的比例摊派。经过"共进会"的同意以后，我的建议被下发到各个分会，成了各个分会自己的提案。虽然这一建议没有立刻得到落实，但使得人们在思想上为后来的变革做了准备，替几年后通过的那条法律铺平了道路。当那条法律通过时，我们会员的威信大增，有了更广泛的影响力。

大概也就是在这时候，我写了一篇关于消防方面的论文（先在"共进会"宣读，随后付诸报端），指出由于粗心大意以及其他种种原因，火灾频频发生，并提出了防灾避险的一系列方案。社会反响很大，人们认为我的方案十分有用，于是便进行规划，迅速行动起来，决定组建消防队，负责灭火以及协助居民抢救财物。不久就有三十人愿意参加这一组织。根据消防队的章程，每个队员平时手边必须保留一定数量的皮水桶、结实的口袋以及筐子（这些物件必须状况良好），以便火灾发生时抢救财物用。我们商定每月开一次碰头会,讨论和交流有关防火救火的观点,这样有助于我们在火灾发生时采取行动。

消防队的效用不久便显露出来了。居民们踊跃参加消防队,人数之多已远远超过了一支消防队的容纳量,于是我们就建议再组建一支消防队,这一建议很快就得到了落实。后来,消防队如雨后春笋般一支接一支建立了起来——最后,凡是有点家产的居民差不多都成了消防队员。我最初组建的那支消防队叫作"联合消防队",至今仍存在,并且很活跃(第一批队员中,除了我和另外一位年纪较我长一岁的人以外,其余的全都过世了)。但凡消防队员,必须出席每月例会,否则便处以少量罚款,用来购置消防车、云梯和其他消防器材。在救火方面,世界上恐怕没有一座城市能像费城这般可以迅速制止火势的蔓延。事实上,自从组建了这些消防队之后,费城从未有过烧毁一两幢住房以上的大火灾(往往是火灾刚一发生,未成蔓延之势,大火就被扑灭了)。

第三十一章　圣徒传教士,功德满人间

　　1739 年,著名的爱尔兰巡回传教士怀特菲尔德先生来到了费城。起初,他获准在一些教堂传经布道,但当地牧师排斥他,没过多久便禁止他在教堂传教了,于是他只好在露天场地宣传教义。前来听他传教的人何止千万,各个教派的人都有,我也是其中的一员。我看到了一个非同寻常的现象:尽管他对听众出言不恭,说他们天生是一半畜生一半魔鬼,但人们仍崇拜他、敬仰他(他对听众的影响力之大令人叹为观止)。居民们对宗教的态度很快就发生了巨变,让人看了高兴。以前,他们对宗教麻木不仁,或者说态度冷淡,现在看来好像天下人都成了虔诚的教徒。傍晚时分,你在城里走走,每一家每一户、每一条大街上都可以听到唱赞美诗的歌声。

　　因为露天集会要受天气的影响,很不方便,所以就有人提出了建造教堂的计划。此计划一提出,便成立了接收捐款的机构,而且很快就筹集到了买地皮和建教堂的足够钱款。这个教堂长一百英尺,宽七十英尺,规模与威斯敏斯特教堂①的大厅相当。建筑工程是在一种热烈的气氛中进行的,很快就竣工了,工期之短完全出乎人的意料。该教堂及其地产均由理事会管理,明文规定对所有宗教的传教士开放,任何教派的人愿意来费城传经布道,都可以使用这个场所——该教堂不是为了某一教派修建,而是为了全体人民。所以,即使君士坦丁堡的伊斯兰教徒要派一个传教士来向我们宣扬伊斯兰教,他也可以在这里找到一个供其使用的讲坛。

后来,怀特菲尔德先生离开费城,一路传教,去了佐治亚地区。当时,那个地区刚开始有移民定居。不过,刚开始去的并非吃苦耐劳、善于稼穑的庄稼汉(只有这样的才适合当地的环境),而是一些破产的商贩及其家属,还有其他一些无力偿还债务的人,其中许多人出狱不久,养成了一身懒散的毛病。这样的人来到荒山老林里,不会开荒种田,忍受不了新开垦地区的艰苦生活,于是大批死亡,留下了一群群孤苦无依的儿童。看到这种惨不忍睹的情景,以慈悲为怀的怀特菲尔德先生深受触动,萌发了筹建孤儿院的想法,让孤儿们有所养有所教。在回北方的归途中,他大力宣传这一善举,募集了大量善款——他的话语有着神奇的魅力,能够打动听众的心,使他们心悦诚服地慷慨解囊(我自己就是一个例子)。

对于他的计划我并不反对,但由于佐治亚当时缺乏建筑材料和工人,有人提议把材料和工人从费城运去(这样做花费不小),于是

---

① 亦译"西敏寺"。英国伦敦基督教新教教堂。牛顿、狄更斯、达尔文等都葬于此。

我觉得最好将孤儿院建在费城，把孤儿们接过来抚养。建议我倒是提了，可是他决心已定，非得按原计划进行，拒绝听我的话，因而我不愿为之捐款。不久，我偶然有一次去听他布道，看出他有在布道结束时向听众募捐的意图，便暗下决心一分钱也不捐。当时，我的口袋里装着一把铜币、三四块银元和五枚金币。就在他布道的过程中，我的心变软了，决定把铜币捐给他。谁知他凭着雄辩的话语让我对自己的小气感到羞愧，于是就捐出了银元。布道收尾时，他的话感人至深，我大受感动，索性将所有的钱(银元和金币全包括在内)一股脑儿倒在了捐盘中。我们"共进会"还有一个会员也在布道现场，他和我一样也不赞成在佐治亚修建孤儿院。他估计怀特菲尔德先生会向听众募捐，为了预防起见，离开家门前把口袋里的钱全倒了出来。可是布道快结束时，他十分感动，非常想捐点钱，于是便向一个站在身旁的邻居伸手借钱。但不幸的是，他的邻居也许是听众中唯一横下心不受这位传教士影响的人。只听他的邻居回答道："要是在别的时候，霍普金森朋友，你要借多少，我就借给你多少，但现在可不行，因为你好像失去了理智。"

怀特菲尔德先生的一些敌人放出话来，说他募捐的这些钱是为了中饱私囊，留作自己用。可我跟他很熟(他常叫我替他印刷布道文以及日志等材料)，从来就没有怀疑过他的人格，深知他是个公正无私的人，至今我都坚信他行为端正，没有一丝一毫的虚假。我觉得自己为他的行为做证一定能赢得人们的信任，因为我俩在宗教上并无联系，谈不上偏袒。有时他倒是劝我皈依他的教门，但心里却一直都很清楚，知道劝也是白劝。我们的友谊只是世俗的友谊，双方都诚恳相处，直至他去世为止。

下面的事例可以说明我们两人的交情如何。一次，他从英国抵达波士顿，从那儿写信给我，说他不久要到费城来，但是不知道来费城后住在何处才好，因为他听说从前招待他住宿的老朋友贝尼泽特先生已经搬到日耳曼敦去了。我回信说："你知道寒舍在哪里，如果不嫌简陋，热烈欢迎光临。"他又写信来说："倘若你看在基督的份上容我借宿，你一定会受到祝福的。"我回信说："请别曲解我的意思——我欢迎你来，不是看在基督的份上，而是看在你我的交情上。"我俩都认识的一个朋友开玩笑说："众所周知，圣人有个习惯，一旦受惠于人，就把这份人情债推掉，将其记在'天堂'的账上，而我却宁愿记在'人间'的账上。"

我最后一次见怀特菲尔德先生是在伦敦。那时，他跟我谈起了孤儿院的事情，说他打算不在那块地皮上办孤儿院了，而是开办一所大学。

他声若洪钟，说话咬字清晰、字正腔圆，隔老远就能听得清。再说，他布道时，不管人再多，现场也都总是鸦雀无声。一天傍晚，他站在法院台阶上布道（该法院位于市场街中段和第二街的西侧，而这两条街垂直交叉，属于繁华区）。当时，这两条大街上挤满了听众，隔着相当远的距离听他布道。我站在市场街最靠后的地方。我想知道他的声音究竟可以传播多远，于是沿着街道一个劲朝河边那个方向退，结果发现到了前街附近仍能听得见，只是由于大街上嘈杂声的干扰，变得有些模糊罢了。当时我就想：假如以我和他之间的距离为直径画一个半圆，里面站满听众，而每一位听众占地两平方英尺，那么，现场就会有三万多人听他布道。这时我才相信，报纸上说听他布道的人达两万五千之众原来并非无稽之谈。以前读古代史，看到将军们向全军将士发表演说，我有时还持怀疑态度，这时也相信确有其事了。

由于经常听他布道，我已经能轻松地分辨出哪些布道词是他刚写出来的，哪些是巡回传教时已用过多次的。有一类布道词，由于反复讲，已经非常完美，他在讲述时抑扬顿挫、声情并茂，起到了很好的效果——听众即便对布道的内容不感兴趣，也会禁不住陶醉于他的演讲之中。你听他布道，就跟听优美的音乐一样，是一种享受。与固定的牧师相比，巡回传教士有其独特的优势——固定的牧师不可能反复讲述同一篇布道词，因而也就无法使之日臻完善。

他时不时会发表几篇文章，这却大大有利于他的敌人。假如在传教时说错话，或者提出了错误的观点，以后还可以加以解释，或是根据语境进行辩解，要不然就干脆否认。而发表的文章却是白纸黑字，想否认也不能，于是便遭到了对手的口诛笔伐，似乎也言之凿凿，结果让他的信徒人数减少了一些，或者说不再增加。我认为假如他不曾发表什么文章，他身后的信徒一定会多得多，他建立的教派一定会占有更高的社会地位，甚至死后，其声誉也还会日隆，因为没有文章就没有把柄，他的敌人就无法攻击诽谤他，而他的信徒们则有了想象的空间，给他戴上许多夺目的光环（出于对他狂热的崇拜，信徒们希望他具有这些高尚的品质）。

第三十二章　国际频起战端，国内防务吃紧

　　我的生意越来越繁荣，境况越来越好，报纸的利润也非常丰厚（有一段时期，我的报纸几乎成了我们地区以及邻近地区唯一的一家报纸）。通过切身经历，我也明白了一个道理："挖到第一桶金之后，再挖第二桶金就容易得多了，因为钱是能生钱的。"

　　我在卡罗来纳与人合伙经营的生意大获成功，于是深受鼓舞，想再提拔一些表现好的工人，跟他们签订卡罗来纳那样的合伙经营合同，让他们去各殖民地开设印刷厂。结果，他们中的大多数都干得很好，六年的合同期满后，挣了足够的钱买下我所提供的印刷机，自己独立经营，养大了他们的儿女。一般来说，合伙经营最终都会不欢而散，而我们合伙却是很愉快的，一切都按部就班、一帆风顺，分手时也和和气气的。我觉得这主要得益于防范措施得力——我们的合同每一条每一款都清清楚楚，列出了双方应尽的义务和应有的权利，所以也就不可能起争端了。因此，我建议所有合伙经营生

意的人都应该采取这样的防范措施，因为不管双方是多么相互尊敬，多么相互信任，日后难免会出现相互猜忌、相互抱怨的情况，会觉得在分担义务和承担责任上存在着不公，这样往往会导致友谊的破裂及合作的中断，或许会对簿公堂，以及出现其他令人不快的局面。

我在宾夕法尼亚站稳了脚，对那儿的情况大体还是非常满意的，只有两点叫我感到有些遗憾——那儿缺乏防务，没有民兵，也没有为年轻人提供高等教育的大学。因此，我在 1743 年提议建立一所高等学府。当时，德高望重的牧师彼得斯先生正赋闲在家，我觉得他是筹办大学的合适人选，于是就把我的计划告诉了他，谁知他打算为当地的领主办事，认为那样有利可图（后来他如了心愿），谢绝了我的美意。我一时找不到其他可以信赖的人，这件事便搁置了下来。第二年（1744 年）我建议成立一个"哲学研究会"，此举倒是获得了成功。我为此而写的书面材料，如果你要收集，可以在我留下的故纸堆里找到。

至于防务方面，西班牙跟大不列颠已经打了几年仗，最后法国终于也参加到了西班牙一方，致使我们面临巨大危险。地区总督托马斯想说服教友会控制的议会通过一条民兵法以及几条有关防务的法案，经过了长时间的艰苦努力，但最后还是无果而终。鉴于此因，我决定动员民间力量征募义勇军。为了推进这件事，我首先撰写并发表了一本小册子，定名为《平凡的真理》。在这本小册子里，我强调指出我们地区缺乏武装防务，有必要团结起来保卫我们的安全,还说在几天内将提出建议,组建民兵队,希望大家踊跃报名参加。小册子产生了立竿见影的效果,让人感到意外。我应邀主持民防会的筹建事宜。为此,我和几位朋友一起拟定了章程。然后,我宣布将在前边提到过的那个大会堂里召开居民大会。开会的时候,会议厅里座无虚席。我预先印好了入队志愿书,并在各处预备了笔墨,这时简单地说了几句动员的话,接着就念章程和做解释,把志愿书分发了下去。人们踊跃地在志愿书上签名,一点阻力也没有遇到。

散会以后,志愿书收集了起来,我们发现报名人数竟超过了一千两百个。另有一些志愿书分发到各地,报名者最终达到了一万名。这些人迅速行动起来,自备武器,组成连队、团队,选举了指挥官,每星期集中军训,学习枪械的使用和各种军规。妇女们集资购买了丝绸旗帜,上面印着我所提供的图案和箴言,然后赠送给各连队。

第三十三章　纵横捭阖，敢于担当

费城民兵团各连队的指挥官开了个会，选举我当团长。我觉得自己不称其职，便婉言谢绝了，随后举荐劳伦斯先生担任这个职位（此人品德高尚，很有影响力），获得了一致认可。接下来，我提议发行彩票，筹集资金在城南修建要塞和装配大炮。资金迅速地凑足了，要塞不日就落成了，雉堞系由圆木构成，里面填上泥土。我们从波士顿买来了几尊旧炮，但是因为数量还不够，我们写信到英国去订购，同时向我们的领主请求援助，不过我们也清楚向领主求援，指望并不大。

与此同时，民兵团委派我和劳伦斯团长、威廉·艾伦先生以及艾布拉姆·泰勒先生到纽约去向克林顿总督借几尊大炮。起初，他一口就拒绝了我们的请求。不过，按照当地的习俗，他设宴招待我们，大家推杯把盏，畅饮一通，使得他态度逐渐软化，答应借给我们六尊炮。又喝了几巡酒之后，他把数目增加到了十尊。宴会结束时，他心情十分好，最终许诺借给我们十八尊火炮。那些火炮性能良好,可以发射十八磅重的炮弹,还配有炮车。我们立刻就把它们运回了费城,安装在了我们的要塞上。战时,每天夜里都有民兵放哨守卫要塞。我跟普通士兵一样,也按时轮班值勤。

我的努力赢得了地区总督和议会的信任,他们遇事就跟我推心置腹地商量,问计于我,以便他们采取的每一项措施都有益于民兵团的发展。为了获得教会的支持,我向他们提出建议,要他们在本地区宣布斋戒一日,祈求上帝的庇荫,以促进改革。他们采纳了我的建议。不过,斋戒在本地区尚属首次,秘书在起草文告时无前例可寻。而在英国每年都会有斋戒日,于是,我在这方面的知识就有了用武之地。我按照传统格式起草了一份文告,译成德文,然后用英、德两种文字印了出来,发放到各地去。各教派的牧师抓住这个机会对教众们施加影响,鼓励他们加入民兵团。但没过多久战火便熄灭了——如若不然,恐怕除了教友会以外,其他教会的信徒都会踊跃参加民兵组织呢。

一些朋友担心我这样做会得罪教友会,会因此而在地区议会失势,因为他们在议会中占绝大多数。有一位年轻绅士,他在议会里也有一些朋友,想把我挤走,好由他接任议会秘书的职务。一天,他告诉我,说议员们已经决定在下次选举时把我免职,于是他善意地劝我辞职,认为辞职比免职要体面些。我回答说,我在书上看到过,或者听人说到过一条从政的原则:不要刻意去钻营谋求职位,而对于别人提供给你的职位也不要轻易拒绝。我说:"我赞成这样的原则,而且身体力行,只是稍微加一点补缀——不刻意钻营,也不轻易拒绝,亦不说辞职就辞职。如果他们想让另外一个人接替我的秘书职务,可以将我免职,而我决不辞职,也不放弃向我的对手进行反击的权利。"后来,我再也没听到过这样的言论,下一次选举时我又像往常一样全票当选。历任总督与他的参事会一向在军备问题上面和议会有着不同的看法,而议会对这些事情颇为烦恼,看见我跟参事们交往过密,当然感到不快,有心让我主动辞职,我却充耳不闻;他们即便想免掉我的职务,也苦于找不到理由——他们总不能仅仅因为我热心于民兵团的事务就把我撵走。

其实,我有理由相信:议会是由教友会控制的,对于国防事务,只要不要求他们出手相助,他们是不会反对的。我发现他们当中有许多人反对侵略性战争,却拥护防御性战事——这种人的人数之多超出了我的预料。针对这一问题,正反双方各抒己见,宣传材料满天飞。一些有名望的教友会长老撰文拥护防御性战事,我相信对大多数年轻的教友会信徒起到了深远的影响。

通过消防队里发生的一件事情,我对他们普遍的心理有了一定的认识。当时,为了实现建筑要塞的规划,有人建议动用消防队的基金(大约有六十英镑)购买彩票。根据消防队的规章,动用款项必须在建议提出后的下一届会议中通过,消防队共有三十名成员,其中二十二名是教友会教友,仅仅八名成员属于其他教会。我们八个人准时出席了会议。不过,我们心里却一点底都没有——我们虽然知道有一些教友会信徒会赞成我们的提案,然而不敢肯定他们中的大多数会持什么样的看法。只有一个教友会信徒(詹姆斯·莫理

斯先生)明确表示反对,说他为这样的提案感到遗憾,声称所有的
"教友会教友"都反对这样做,一定会引起分裂,最后导致消防队的
解散。我们说这样的现象不可能出现——我们毕竟是少数,假如教
友会教友反对这一提案,在投票时压倒了我们,那我们一定会按章
办事,服从投票的结果。到了下一届会议开会的时候,该对这一提
案进行表决了,他却说按规定的确该表决了,然而有些人还没有来,
那些人是要投反对票的,所以稍微再等一等才公道一些。

我们正在为此争论时,一个侍者跑过来告诉我,说楼下有两位
先生想跟我说句话。我跑到楼下一看,原来是我们消防队的两个教
友会的会员。他们告诉我有八位教友会的会员在附近的一家酒馆
里,假如有必要的话,他们一定会来开会和我们在一起投赞成票,但
是他们希望不必这样做。如果没有他们的帮助也能通过提案,他们
觉得他们最好就不出席会议了,因为投赞成票势必会得罪教友会的
长者和朋友。这下子,我像是吃了定心丸,又回到了楼上去,假装犹
豫了一阵子,然后同意再等一个小时。莫理斯先生认为这样做是十
分公正的。可是等来等去,也没见他的那些他以为要投反对票的朋
友露面,这叫他颇感意外。一小时后,我们以八比一的压倒性多数
通过了这一提案——在二十二个教友会教友中,八个愿意跟我们投
赞成票,十三个人没出席(这表明他们不愿意投反对票)。事后,我
估计真正反对增强防务的教友会教友的比例仅是一比二十一。这
些人全是教友会的忠实信徒,在教友会威望很高,对于开会要讨论
的提案心里是十分清楚的。

第三十四章　教友会反对一切战争,尴尬情况屡屡出现

　　洛根先生学问渊博、德高望重,是坚定不移的教友会会员。他曾经给教友会写过一封公开信,宣称他赞成防御性战事,并举出了诸多事例加以论证。他交给我六十英镑购买彩票,以筹集建筑要塞的基金,叮咛说不管赢得多少奖金,都全部用于这项事业。关于防御性战事,他还给我讲了一段他以前的主人威廉·佩恩领主的往事。他年轻的时候为威廉·佩恩当秘书。一次,他们乘船从英国来美洲。当时正值战争时期,一艘武装轮船从后面驶了过来。船长认为是敌船,准备抵抗,于是让威廉·佩恩以及所有的教友会成员都到船舱里去,说他不需要他们的帮助。除过詹姆斯·洛根,其他的教友会成员都躲进了船舱——洛根要求留在甲板上作战,于是便被派往一个炮位准备迎战。后来,这场仗没打起来,因为跟过来的船是友船。洛根到船舱里通报情况,却被威廉·佩恩狠狠责备了一通,怪他不该留在甲板上参加这场保卫战,尤其是船长并没有请求

他协助,这样的行为与教友会的教规背道而驰。在大庭广众面前遭到训斥,洛根被惹恼了,于是便还嘴说:"我是你的仆从,你为什么不下令让我到船舱里呢?很显然,你觉得情况危急,巴不得我参战保卫这艘船呢!"

我在议会多年(议会的议员多为教友会教友),经常看见尴尬局面的出现——每当英王下令议会为军队提供人力和财力的支持,议员们就会陷于两难的境地,因为他们在原则上是反对一切战争的。他们一方面不敢直截了当地拒绝,唯恐得罪英国政府,另一方面他们也不愿意触怒教友会的广大教友们,做出有悖教规的事情,于是便想出各种各样的遁词来推托,一旦推托不掉,就采用遮遮掩掩的方式"遵旨"——他们为军队提供资金,却打着"供王事使用"的旗号,从不过问资金用在何处。

不过,要是下达命令的不是英王,就不能打这样的旗号了,他们得采用其他的妙计。例如,当军火匮乏的时候(很可能是路易斯堡的驻军需要军火),新英格兰的政府曾请求宾夕法尼亚为他们提供一部分枪支弹药。宾夕法尼亚的总督托马斯敦请议会拨款购买这批军用物资,声称没有枪支弹药是无法打仗的。议会通过投票,决定援助新英格兰三千英镑,交由总督掌握,说明这笔钱是用于购买面包、面粉、小麦或其他谷物的。有些参事想给议会制造麻烦,便建议总督不要接受这样的拨款,因为议会的要求不符合总督的意图。而总督回答说:"拨款我是要接受的,因为我知道议员们言在此而意在彼——他们所谓的'其他谷物'其实指的就是枪支弹药。"后来,总督就用这笔钱购置了军火，没有任何人提出异议。

在我们的消防队里，我们曾经发过愁，担心购买彩票的提案通不过。这时，我想到了以上的事例，便对好友西恩先生（消防队的一名队员）说："如果提案没通过，那咱们就换种说法，就说要用这笔钱购买救火机①，那些教友会教友便无话可说了。那时，咱俩就相互提名，由咱俩负责采购。咱们就买上一尊大炮，岂不美哉。"他听后说："你在议会许多年，长进可真不小。你的这个双关语提案可以与他们那'小麦或其他谷物'的借口相媲美呦。"

教友会反对一切战争，以此为行为准则，并宣告天下，有着白纸黑字的文告——这就尴尬了，因为他们即便有意改变主张，也非轻而易举之事。这种骑虎难下的状况令我想起了一个叫作浸礼会的教派，觉得他们的做法是比较谨慎的。此教派成立后不久，我认识了他们其中的一个创办人迈克尔·韦尔菲尔。他向我诉苦，说其他教派的狂热信徒无端地指责他们，说他们所奉行的信条和准则是邪恶的，其实那些人根本就不了解情况。我告诉他说："一个新教派成立后往往会一波三折，最好的办法就是将自己的信条和行为准则公布于众，漫骂之声便会随之消失。"他说也有人这样提出过，但大家不同意。他在解释原因时说："当初创办这个教派时，蒙上帝的启示，我们发现：有些信条曾经一度被奉为真理，后来却成了谬误，而有些谬误则成了真理。上帝在不时赐给我们智慧，使我们的行为准

---

① 英文原文是 fire-engine，有"火炮"的含义。

则在不断完善，所犯的错误也越来越少。谁都不敢说我们的知识已经到达了巅峰，不敢说我们的精神追求以及对神谕的领悟已达到了尽善尽美的程度。怕就怕我们一旦公布了自己的信条和行为准则，就得规行矩步，受到限制，也许就不愿意再进步。我们的接班人更是如此——他们会认为这是前辈和奠基者制定的信条，是无比神圣的，不容背离。"

一个教派能如此谦虚谨慎，这在人类历史上恐怕是绝无仅有的。别的教派一般都自以为是，觉得他们掌握着天下所有的真理，对持不同观点的人不屑一顾，认为对方是错误的。这就像一个人在大雾弥漫的时候行路，只能看见眼跟前的一小段路，认为走在前边不远处的路人被茫茫的大雾所笼罩，身后的路人和两边田野里的农夫也无不如此。岂不知他和别人一样，也是在浓雾中摸索前行。近几年，为了避免这种进退维谷的窘境，越来越多的教友会教友辞去了议会和政府中的职位，宁可放弃他们的权力，也不愿在原则上妥协让步。

第三十五章　发明创造造福于民众,开办学校培养人才

　　按照时间的顺序,有两件事早就应该提到了。1742 年,我发明了一种敞口炉,既取暖效果好,又节省燃料,因为冷空气即刻就可以被烘热。我制造了一个模型送给我的一个老朋友罗伯特·格雷斯。他拥有一家铸铁厂,发现铸造这种火炉的铁板获利丰厚,需求量越来越大。为了进一步扩大销路,我编写和发表了一本小册子,名为《新发明宾夕法尼亚火炉说明书:详述其构造和使用方法,举证其优于其他取暖炉的特点,针对质疑之声做出解释》。小册子产生了很好的影响。托马斯总督看了,对这种火炉的结构大为赞赏,甚至提出要批给我几年的专卖权,而我却谢绝了他的美意,因为对这类事情我始终有一个原则:前人的发明给我们带来了方便,我们就应该以自己的发明惠及众生,应该慷慨地无偿奉献。

　　但是,伦敦的一个铸铁厂老板从我的小册子里窃取了许多东西,造出了自己的火炉,对结构做了一些改动,效果稍差一些,却获

得了专利，据说发了一笔小小的横财。窃取我的发明成果获得专利的非止这一例，但并不是所有投机钻营者都如愿以偿了。我无意跟他们争长论短，因为我既不想靠专利敛财，也懒得跟他们费口舌。这种炉子进入了千家万户，不仅在我们地区得到了普及，在附近的殖民地也得到了广泛使用，为居民们节省了大量燃料，至今仍在发挥着作用。

战争结束了，我所张罗的民防事务也随之结束了，于是我就将心思重新放在了开办大学一事上。作为第一步，我先跟一些积极分子（多为我"共进会"会员）沟通，第二步则是编写和发表一本宣传册，叫作《有关宾夕法尼亚青年教育的建议》。我把宣传册分发给当地有名望的居民，一旦觉得他们在思想上对我的提议有所准备，便立刻着手募捐，为开办大学筹款。募捐分五年完成，每年募捐一部分钱款——我觉得按照这种分期募捐的方式可以获得更多的捐款。结果，事实的确如此——如果我没记错的话，我们募捐到的钱款不少于五千英镑。

我印了几份规划书，在规划书的序言里说明这项建议是由一些热心公益事业的人士提出来的。我一如既往地遵守了一个原则：在推进公益事业时绝不抢功，绝不突显自己的作用。

为了尽快地实现这项规划，捐款人从他们自己中间推选了二十一个理事，并且指定我和当时的首席检察官弗朗西斯先生为大学起草规章制度。规章制度制定之后，由捐款人签名，接着便租赁校舍和聘请教员，随即举行开学典礼（我觉得就是在当年——1749年）。

学生越来越多，人数飞速增长，校舍很快就不够用了。我们四处寻找，打算找合适的地方建新校舍。就在这时，天上掉馅饼，上帝赐给了我们一座偌大的殿堂，只需稍加更改，就会是很好的校舍。这座殿堂以前提到过，是传教士怀特菲尔德先生的听众们出资修建的。我们是通过以下方式将其争取到了手。

应该注意的是：这座殿堂由不同教派的人出资修建，所以在推选管理该项房产和地产的理事会成员时考虑到了力量的均衡——任何一个教派都不得占优势，免得出现徇私舞弊的现象，违背修建这座殿堂的本意，将其挪为该教派私用。因此，各教派推选一人为理事——英国国教一人，长老会一人，浸礼会一人，兄弟会一人，等等。如果因死亡有空额时，应由理事会另选一名理事。当时，兄弟会的理事跟别的理事关系处理得不好，他死后理事会决定不再从兄弟会选举理事。他们面临着一个难题：在选举新理事时，如何才能避免一个教派有两个理事？

他们提出了几个人选，却因为以上的原因未能通过。最后，有人提到了我，说我是个光明磊落的人，不属于任何一个教派——这一理由叫大家心悦诚服，于是我便当选了。这时，当年修建布道殿堂的热情早已消失殆尽，理事会无法筹集新的捐款以偿付地租以及施工过程中所欠的款项，为此感到十分头疼。我身为两个理事会的理事（即殿堂理事会以及大学理事会），有着得天独厚的条件跟他们双方沟通，最终促使双方达成了一项协议：殿堂划归大学理事会管理，由后者承担偿付债务的责任；始终开放殿堂里的一个大厅供传经布道用(这是修建殿堂的初衷);开办一所免费学校,专门收纳贫苦人家的孩子。签过合同之后,大学理事会付清了债款,接管了这项房产。我们将这座宏伟的大厦分割成上下两层,每层又隔成若干房间作为教室。另外,我们又买了一些地建成校园。很快,一所新的大学校园就初具规模了,大学生们随之纷纷入驻。我一人承担了许多杂务,如签署佣工合同、购买建筑材料以及监工等,对于这些杂务我乐此不疲,因为它们无妨于我的私人事务——一年前,大卫·霍尔先生成了我的合伙人,此人能干、勤奋、诚实,其人格我非常放心(他以前曾在我手下工作过四年)。他接管了印刷厂所有的事务,使我得以脱身,他按时付给我应得的红利。我们在一起合作了十八年,双方都获益匪浅。

过了一些时候,大学理事会向总督领得了一张执照,还获得了来自于四面八方的援助——英国的慈善人士以及殖民地的领主,有的捐钱,有的捐地,议会也拨款。大学的规模不断扩展,就成了现在的费城大学。建校伊始我就是理事会成员,迄今已近四十年,十分欣慰地看到一批批青年在这里接受高等教育,看到他们增长了才干,成为栋梁之材,于国于民都大有裨益。

第三十六章　政坛施展身手,为国为民谋福利

　　如上所述,在私人的业务经营方面我当上了甩手掌柜,觉得自己挣的钱虽然不多,但以后也衣食无忧,总算有了闲暇时间钻研学问,过一种闲云野鹤般的日子了。斯彭斯博士从英国到美洲来讲学,我把他带来的电学仪器全部买下,以极大的热情搞起了电学试验。但公众却不容我如此悠闲,揪住我非得要我为他们服务,政府的各部门也纷纷找我,给我分派事情做。总督任命我为治安推事;市政府选我做市议会议员,不久以后又选我为市参议员;民众则选我为地区议员,在地区议会中代表他们发声。后面的那个职位正中我的下怀——以前当议会秘书我不能参加辩论,而那些辩论十分枯燥乏味,让我坐在那儿干巴巴地听别人发言,使我感到无聊透顶,于是就画方块、圆圈或别的什么图形以排遣时间,而今当上议员就有了发言权,可以为民请命了。不可否认,荣登高位令我的虚荣心得到了满足——对于我这样一个出身寒门的人而言,意义当然十分重

大。更叫我感到高兴的是,这是民意对我的看重,因为这个职位又不是我投机钻营得来的。

治安推事这个职务我干了一段时间,无非就是到法庭听听诉讼,或者对一些纠纷做出裁决。不过,后来我发现自己掌握的法律知识有限,不可能有所作为,于是便找了个借口说自己在地区议会履行立法委员的职责,实在抽不出身,渐渐地也就不再当治安推事了。至于地区议员,我年年当选,连着干了十年。我从未请求过别人选我,无论是明的还是暗的,直接的还是间接的,从未表达过这种愿望。我当选为地区议员后,我儿子受到任命,成了那儿的秘书。

第二年,我方要跟卡莱尔的印第安人谈判。总督给地区议会发了咨文,建议议会指定几位议员,和参事会中的几位成员共同组成一个谈判委员会。地区议会指定我和议长(诺利斯先生)去完成这项使命。于是我们就去了卡莱尔,和印第安人进行了接触。

印第安人十分贪杯,一喝醉就发酒疯,大吵大闹的,变得无法无天。于是,我们严禁向他们售酒,结果惹得他们牢骚满腹。我们告诉他们:如果他们在谈判期间不喝酒,谈判结束后就给他们提供大量的美酒。他们答应了,也信守了诺言(其实,他们想喝也买不到)。谈判进行得井然有序,结果令双方都很满意。随后,他们要我们给他们酒喝,我们履行了承诺。当时已到了下午,他们男女老少有近一百人在场。他们住在临时搭建的木屋里,而那些木屋排列成四方形。傍晚时分,我们听见他们吵闹得厉害,便跑出去看究竟,结果发现他们在木屋围成的四方形空地上点了一堆篝火,男男女女全喝得酩酊大醉，相互之间又是打又是骂。在半明半暗的篝火火光中，可以看见他们袒露出棕褐色的躯体，举着火把互相追逐和斗殴。他们发出令人毛骨悚然的叫喊声。眼前的一幕简直就像是地狱里的情景。我们见他们没有停息的迹象，便返回住处休息了。到了半夜，几个印第安人跑来将我们的门擂得山响，让我们再给他们一些酒喝，而我们没予理睬。

次日，他们觉得自己的行为有失检点，打搅了我们，便委派三位长者来向我们道歉。长者承认他们错了，不过却归咎于朗姆酒，接着又为朗姆酒开脱说："伟大的神灵创造了万物，而每一物都有其用途，所以应该做到物尽其用。神灵在酿造了朗姆酒时，是这样说的：'这酒是给印第安人喝的，让他们一醉方休。'所以，神的旨意必须遵从。"说实在的，如果上天的旨意是要根除这些野蛮人，给农垦人让出地方，朗姆酒恐怕就是比较合适的利器了。沿海地区的印第安人部落就是被这种东西绝了根。

1751年，我的好友托马斯·邦德医生提出了一种想法，要在费城开办一个医院（这是一个普惠众生的规划，有人说是我的创见，其实最初是他的主张），以收治穷苦无依的病人，不问是本地人还是外乡人。他激情满怀，四处奔走为之募捐，但由于这在美洲十分罕见，起初不为人们所理解，所以收效甚微。

最后他到我这儿来，恭维我说，他发现要实现一个公益事业的计划，没有我参加就不行。他说："我募捐时，常常有人问我：'这件事你跟富兰克林商谈过没有？富兰克林怎么说？'当我告诉他们我还没有跟你谈过(因为我认为这件事多少有点非你所长),他们就不愿捐了,推说考虑考虑再看。"我询问了该项计划的具体内容以及用途,他一一做了解答。我听后十分满意,不仅自己捐了钱,还热心地为他出谋划策,向社会募捐。不过,为了使人们在思想上有所准备,我先在报上撰文进行宣传(这是我的一贯方略),这一点却被他忽略了。

这之后,社会捐款就比较踊跃了。但好景不长,没多久人们捐款的劲头便松懈了。我看出没有议会协助,光靠募捐是不够的,于是提出应该向议会申请补贴,接着也这么做了。乡村来的议员起初并不热心,说这样的医院只对城市有好处,应该由市民掏腰包(他们甚至怀疑市民自己恐怕也不赞成这项规划)。我针锋相对,说这是一项得人心的工程,一定能筹集到两千英镑的善款。他们声称我的话只是一种奢望,只能是画饼充饥。

看到这种情况,我心生一计,请求议会允许我提出一个议案,说可以将捐款人按社团对待,根据他们的请求予以补贴。议会同意我拟定议案,主要是觉得假如这份议案不合他们的心意,他们可以将其否决掉。在议案中,有一条非常重要,是作为条件提出来的,其文如下:"兹经本议会决定,上述捐款人需要开会选出经理及财务主管,捐款数额必须达到_____英镑(年息作为上述医院免费供应穷苦病人的伙食、看护、诊治和药剂之用),并向在任的地区议会议长提出相应证明,而在任议长当依法签署知会,由地区财政向医院的财务处支付两千英镑的补贴,分两年付清,作为医院的开办费、建筑费和装修费。"

正是因为有了这一条件,该议案获得了通过。原来反对的,此时也同意了,觉得自己分文不花,又博得了慈善家的美名,何乐而不为。在向社会募捐时,我们特别强调这一条件具有法律效应,以鼓励民众,声明每个人的捐款得到议会的补贴后将会增加一倍。结果是:这一条款有一箭双雕之妙。捐款总数不久就超过了所需数额。接着,我们向议会申请,拿到了那笔补贴款,顺利地将规划付诸实施了。很快,一座漂亮美观的大楼拔地而起。医院开门救死扶伤,为社会造福不小,至今仍是一派繁荣的景象。根据我的记忆,医院的成功使我无比喜悦——在我的从政生涯中,无论是当时还是事后想起来,没有任何一件别的业绩能给我带来更大的欢乐了。即便我那时使了一点小手段,我觉得也是情有可原的。

大概也就是在这个时候,吉尔伯特·坦南特牧师计划建筑一座教堂,找我帮助他募捐。该教堂落成后,供他属下的长老会教徒使用,而那些教徒原先是怀特菲尔德先生的信徒。我坚决地拒绝了他的请求,因为我不愿意过分频繁地向市民们募捐,致使他们对我不满。他要我提供给他一份名单,列出我募捐时所了解的慷慨大方、热心于公益事业的人。我觉得那些人曾经看我的面子捐了钱,如今再将他们的名字告诉别的募捐人,于情于理不通,于是他的这个请求也被我回绝了。后来他要求我至少能给他出出主意。我回答说:"出谋划策,我是十分愿意的。首先,我建议你先向那些你知道一定会出钱的人募捐;其次,向那些你不知道究竟会不会出钱的人募捐,并把已经捐了钱的人的名单给他们看；最后，也不要忽略那些你坚信不肯出钱的人，因为对其中的某些人你可能会误判。"他笑着向我道了谢，说他一定会采纳我的锦囊妙计。后来他果然这样做了，向这三种人群募捐，筹集到的钱数超过了他的预期。他用这笔钱修建了拱门街的那座高大气派、辉煌壮丽的教堂。

第三十七章　城市管理呕心沥血,美化环境不辞劳苦

　　我们的城市规划得美观整齐,街道既宽又直,且纵横交错、错落有致。可是由于街上没有铺路石,雨天泥泞难行,载重马车驶过就成了泥潭,晴天则尘土飞扬,令路人苦不堪言。我曾在泽西市场附近住过,看见居民雨天去购物走在泥泞的街道上是何等艰难,于是心里感到非常难过。后来,市场中央的一块地方铺了砖,居民们在市场内倒是可以踩在干地上了,但市场外仍是一片泥泞,来去都会两脚沾泥。我为此大声呼吁过,还在报纸上发表过文章。最后,从住宅区两侧的青砖人行道到市场的那段街道总算铺上了石板。在一段时间里,人们到市场去比较容易了,脚上的鞋不用再沾泥了。可是,由于这条街的其他地方都没有铺石板,马车一旦从泥地驶来,车轮压在此处的石板上,轮子上的泥土就会留在这儿。因为没有清洁工打扫,石板很快就变成了泥板。

　　经过一番奔忙,我找到了一个手脚勤快的穷人。此人愿意清扫

石板路,每星期两次,还负责清运各户人家门前的垃圾(每家每月需要付给他六便士的辛苦费)。为此,我写了一份传单,把它印了出来,指出这一笔小小的费用可以给当地居民带来诸多好处——例如,街上干净,脚上就少沾泥,家里没有泥土,打扫卫生就方便多了;商店也会因此而受益,因为会有更多的顾客光临(街面干净,行路容易了,顾客也就多了),而且遇到刮风,也不会再有尘土刮在他们的商品上,等等。我给每家发了一张传单,一两天之后去了解情况,看究竟有多少人愿意签订合同支付这六便士。结果,所有的人家都签了合同,其内容在一段时间贯彻得很好。市场附近的街道干净了,全市的居民都高兴,因为这方便了所有的人。这时,民众普遍要求将城里所有的街道都铺青砖或石板,并且表示愿意为此纳税。

过了一些时候,我起草了一个议案,提出要在全城铺路,并提交给了议会。当时是 1757 年,我正要到英国去。我走后,议案获得了通过。不过,他们在费用评估方式上做了一些修改(我觉得这一项修改后并不比以前好)。他们还增加了一项——除过铺路,还安装路灯(这一项倒是一个大大的改进)。一个普通老百姓(即已故的约翰·克利夫顿先生)曾经在他家门口挂了一盏灯,使人们认识到了路灯的好处,于是便产生了灵感,要在全城安装路灯。这项公益事业成功之后,有人说是我的功劳,其实这个荣誉应该属于约翰·克利夫顿先生。我受到了他的启发,唯一的功劳只是在路灯的形状方面略有改动而已,不同于我们最初从伦敦买来的球形灯。球形灯多有不便:空气不能从下面进去,因此烟雾无法从上面迅速散发出去,于是就在灯内循环,附着在灯壁上,很快就会出现遮光的现象,令发出的光线变暗。另外,每天擦拭灯罩很麻烦,不小心打碎,整个灯就彻底用不成了。因此,我建议采用方形灯罩,用四块平玻璃组装而成,配一条长烟道供排烟用,下面开口吸收新鲜空气,促使烟雾从上面排出。这样,灯罩便可保持干净,不至于像伦敦的路灯那样,在几小时内光线就变暗,而是会通宵保持光线明亮,直至次日早晨。即便偶然受到撞击,一般也只会导致一块玻璃破碎,很容易就可以得到修复。

伦敦沃克斯霍尔公园的球形灯底部是开口的,可以让灯罩保持洁净。我有时在想:伦敦人为什么就不以此为样板,在其他地方的路灯下方也开口呢?他们的路灯底下倒是也有孔,但是这些孔洞是别有用途的——用麻线穿过这些孔洞悬挂下来,使得火焰能够迅速地燃烧到灯芯。至于放入空气的用途,他们好像并没有想到,因此,伦敦街上的路灯亮上几个小时,就会变得非常暗弱。

谈到这些往事,我就会想起自己在伦敦时曾向福瑟吉尔博士提过的一条建议(他是我所认识的一个极有见识的人,一贯积极倡导公益事业)。我发现:伦敦的街道从没人打扫,晴天尘土飞扬,越积越多,雨天满街都是污泥,几天之后污泥便深得走路都走不成了,而小巷却是干净的,是穷人用扫帚打扫出来的。要把街上的污泥装上大车运走,得花很大的气力;运送污泥的途中,车身晃来晃去,就会有污泥掉在路上,有时会溅在行人的身上。街上明明到处是尘土也不敢扫,其原因是害怕灰尘会飞进商店和住家户的窗户里。

　　一次,我遇到一件事,这才发现原来清扫街道花不了多少时间。一天早晨,我在克雷文大街自家门口看见一个穷苦的妇人拿着一把桦树枝扫帚在扫人行道。她看上去脸色苍白,身体很虚弱,好像大病初愈的样子。我问她谁雇用她来扫街,她说:"谁也没有雇用我,但是我家里穷,生活困难,清扫富贵人家门前的街道,希望他们会给我一点钱。"我要她把整条街扫干净,说愿意给她一先令。当时是九点钟,她十二点就跑来要她的劳务费了。最初我见她扫地时动作缓慢,简直不能相信她这么快就把整条街道都扫完了,于是派仆人去查看。仆人回来说整条街道已经被打扫得干干净净。妇人将尘土扫进了街道中央的排水沟里,下雨的时候就冲走了——人行道干净了,甚至就连排水沟也一干二净的。我当时心想:一个身体孱弱的女子清扫这么长一条街道花三个小时,那么,一个身体强壮、力气大的男子也许只要一半时间就可以扫完。说到这里我想插一句:如果街道狭窄,把排水沟设在街道中央比较方便,而不是在两边靠近人行道的地方各开一条排水沟,因为下雨的时候,雨水是从两边向中央流的,在街道中央形成强大的水流,可以将排水沟里的泥土全部冲走;假如雨水从街道两边流,力量就弱,冲不走泥土,只会将其变得更稀更烂,马车轮子压在上面以及马蹄踩在上面,稀泥就会溅到人行道上,使人行道又脏又滑,有时还会把泥浆溅在路人身上。经过考虑,我向热心肠的福瑟吉尔博士提出了如下建议:

为了能更有效地打扫伦敦以及威斯敏斯特①各街道的卫生,使之保持整洁,在下建议雇用若干名卫生管理员,晴天负责清扫灰尘,雨天则负责清除淤泥,每人管理若干条街巷——他们需配备扫帚及其他工具,把这些工具放在一定的场所,供他们雇来清扫街道的穷人使用。

　　在干旱少雨的夏季,应该将清扫出的尘土堆放,堆与堆之间有一定的距离,在商户和住家户开窗透气之前由清洁工用封闭的垃圾车全部运走。

　　耙集在一起的污泥不宜堆放在大街上,怕的是马车经过,车轮和马蹄会使得污泥扩散。清运污泥不宜用大轮子马车,而应该用较低的滑轮车,车体底部是格状铁框,上铺稻草,以便将污泥里的水分过滤掉,只留下稠泥,这样会大大减轻重量,因为污泥里的大部分成分是水;车辆应放在远一些的位置,用手推车将污泥运过去装车,待污泥里的水分过滤掉之后,再用马拉走。

至于以上建议的后半部分是否可行,我一直持怀疑态度,因为有些街道十分狭窄,运泥车停放在那里势必会占道,影响交通。但对于前半部分,我还是蛮有信心的,认为让清洁工在商家开门之前把垃圾运走,在夏季还是完全行得通的,因为夏季的天亮得早。一

---

① 英国伦敦西部的一个区,为英国政治中心。

天早晨七点钟,我到河岸街和舰队街散步,此时天早已大亮,太阳已经出来三个多小时了,可是还没见一家店铺开门。伦敦市民点蜡烛熬夜倒是心甘情愿,第二天日上三竿还不起床,对于蜡烛税以及蜡烛居高不下的价格却怨声载道,说起来有点可笑。

也许有人会觉得这都是些鸡毛蒜皮的小事,不值得一提。刮风的时候,灰沙吹进一个人的眼睛或是一家店铺的门窗,固然是癣疥之疾,但大城市里如果受害者众多,且这种现象一而再再而三地出现,那就不是小事了,而那些非难别人,怪别人不该关注这等琐事的人,恐怕也就会敛声了。给人类带来幸福的与其说是极为罕见的天大的好处,倒不如说是日常生活中细小的便利。例如,你教一个小青年如何修面,以及如何保养剃刀,比你给他一千枚金币还强,给他带来的福祉会更大。钱,他很快就可以花光,剩下的就只有懊悔了,怪自己花钱如流水。但如果学会了修面,他就省去了到理发店排队等待修面的麻烦,也就不用去面对理发师那肮脏的手、难闻的口臭和不锋利的剃刀了。他想什么时候修面就什么时候修,而且用的是保养得很好的剃刀,岂不是一种享受! 正是有了这样的心理,我才秉笔直书,写了以上的几条建议,希望它们有朝一日对那座我所热爱,并在其中度过了许多年幸福时光的城市有参考价值,也许对美洲的城市也会有借鉴意义。

我受到美洲邮政总长的委任,有一阵子负责管理几个邮政分局的业务,由分局局长向我汇报经营情况。1753 年他去世后,英国的邮政总长任命我和威廉·亨特一道接任他的位置,共同担任美洲邮政总长。之前,美洲的邮政从未向英国上缴过任何利润。如果美洲的邮政能赢利,我俩可以从中抽取六百英镑平分,作为我们的年薪。要达到这一目的,就必须进行一系列的改革,其中有些改革开始的时候耗资巨大,所以头四年邮政总局就欠了我们九百多英镑的薪水,但没过多久,邮政总局便开始赢利,还清了拖欠我们的年薪。后来,英国的大臣们竟无缘无故解除了我的职务(此事容我以后细讲)。而就在这时,我们已经将美洲的邮政经营得风生水起,向英国国王上缴的净收益是爱尔兰邮政的三倍之多。自从他们鲁莽地把我免职以后,我就再也没有从美洲邮政拿到过一分钱。

1753 年我被任命为美洲邮政总长时,我出差去了一趟新英格兰,新英格兰的剑桥大学出于他们自己的目的,授予了我文学硕士的学位。在此之前,康涅狄格的耶鲁大学也曾给过我同样的荣誉。这样,我虽然没上过大学,却拿到了大学的学位,主要是因为我在文学上有较深的造诣,在自然科学的电学分支有过发明创造。

第三十八章 斡旋于政界,保卫疆土匹夫有责

1754 年,美洲大陆阴云笼罩,跟法国很可能战端再起。英国商务大臣命令各殖民地的代表在奥尔巴尼①举行代表大会,会同印第安六个部落的酋长共同商讨防守彼此疆土的问题。汉米尔顿总督在接到这个命令之后,就通知地区议会,并请议会准备适当礼品,以备在开会时赠送给印第安人。总督提议由我和议长(诺利斯先生)会同托马斯·佩恩先生和秘书彼得斯先生组成宾夕法尼亚代表团。地区议会开会通过了他提出的人选,同时准备了礼品,不过议员们并不十分愿意将谈判的地点定在别的地区,不愿意让我们在六月中旬和其他代表团约在奥尔巴尼接洽。

赴会途中,根据国防和其他共同的重大事业的需要,我拟订了一个计划,意在把各殖民地联合在一个共同政府的领导之下。路过

① 现为美国纽约州首府。

纽约城时,我把这份计划书给詹姆斯·亚历山大先生和肯尼迪先生看。这两位绅士对政治事务非常精通,看了后表示赞同,于是更加坚定了我的信心。后来,我把计划书呈交给了代表大会。无独有偶,一些代表跟我的观点不谋而合,也提出了相同的计划。这时,首先得敲定一件事:是否有必要成立一个联盟? 通过表决,与会代表一致同意成立联盟。接着,代表大会指定了一个委员会,由每个殖民地各派一名代表加入,负责审查各项计划,向大会做出汇报。结果,我的计划书通过了审查,做了些许修改后,汇报给了大会。

根据这份计划书,本联盟政府将由英王委任的总理管理;成立一个议事委员会,由各殖民地的人民选代表组成,定期开会议事。针对这份计划书以及印第安人事务,代表大会进行了日复一日的讨论,反对声不少,困难很多,但最终所有的困难都被克服了,计划书获得了一致通过。随后,计划书被呈交给英国商务部以及各殖民地的议会审议。其结局实在令人感到奇怪:各殖民地的议会不同意,觉得它赋予英王的权力太大,英国商务部也不同意,认为它过于民主,甚至都没有交给英王批准。有人提出了一份新的计划,据说跟我的计划有异曲同工之妙,而且效果会更好。根据这份新计划,各地区的总督及其参事会负责征募军队、修筑工事等事宜,所需费用由大不列颠国库垫付,事后由议会向美洲各殖民地征税偿还。我的计划书以及举证的观点见于我发表的政务材料。

那年冬天我在波士顿,常跟希尔里总督讨论这两份计划,部分谈话内容也可见于那些发表了的政务材料。对于我的计划,有人持不同意见,有人则强烈反对,而我当时觉得,现在仍认为它其实是一份折中的计划,一旦被采纳,于大洋两岸的人民都有好处。按照我的计划,美洲各殖民地组成联盟,就有足够的力量保卫疆土,就不需要英国方面派军队来支援了;当然,英国也就没有理由向美洲征税了,而由此引发的流血冲突也就可以避免了。这样的你争我斗并非新鲜事,国与国之间以及帝王与帝王之间的纷争充斥了整个人类历史。正所谓:

> 茫茫大千世界,环顾四周,
>
> 有谁从善如流,
>
> 有谁把正义追求?!

执政的人,因为事务繁忙,一般都怕麻烦,不喜欢考虑或是执行新的计划。因而,他们即便采纳优秀的方案,也不是经过深思熟虑才做出的决策,往往是形势所迫才不得已而为之。

宾夕法尼亚的总督把我的计划书送交议会时表明了自己的态度,说他赞成这份计划,认为它"思路清晰、观点缜密,特此推荐,应该予以严肃、认真的考虑"。然而,一个议员玩了个诡计,趁我不在的时候督促议会审议并否决了这份计划。我觉得这样的做法有失公道,谴责他们未经认真考虑便轻率地加以否决,认为这是对我的极大侮辱。

这一年在赴波士顿的途中,我在纽约遇见了我们的新总督莫理斯先生(我以前就跟他很熟)。他刚从英国来,奉命要接替汉米尔顿先生的位置——汉米尔顿对当地领主们的颐指气使感到十分厌倦,于是愤而辞职了。莫理斯先生问我:他会不会也像他的前任那般步履维艰? 我回答说:"你只要小心点,别跟议会发生争执,就不会步履维艰,而是会一帆风顺。"他乐呵呵地说道:"我亲爱的朋友,你怎么能让我不跟人争执呢? 你可知道,我喜欢跟别人争辩,因为它能给我带来极大的欢乐。不过,我尊重你的劝告,保证尽我所能,能不跟人争辩就不跟人争辩。"他爱好争辩,是有其原因的——他有三寸不烂之舌,无理也能辩三分,常常在论战中胜出。他的这种能力是自小由父亲培养出来的。据说,他父亲吃过饭后就坐在桌旁听孩子们辩论,以此作为消遣。我觉得这并非明智之举——根据我的观察,但凡喜欢争辩,喜欢跟人唱对台戏者,处理事务时一般都不顺利。这样的人可以一时取胜,但往往不得人心(其实,得人心比取胜更为重要)。我俩说了一会儿话,就各奔东西了——他到费城去,我则前往波士顿。

在归途中,我在纽约看到了我们地区议会的投票结果。看来,他尽管保证过尽量不跟人争执,但还是和议会闹僵了,关系十分紧张。在他任职期间,他跟议会矛盾不断,达到了剑拔弩张的地步。我也被卷了进去,因为我刚一回议会,议员们就让我口诛笔伐,驳斥他的讲演和咨文。他们还针锋相对地要求我起草各种文件。我们的答复和他的咨文常常是语言尖刻,有时甚至采用不文雅的侮辱性词汇。他知道我是议会的"刀笔吏",因此人们也许以为我俩一见面,就如"仇人相见分外眼红"。其实,他是个非常厚道的人,是不计私人恩怨的。我们没有因为公务而疏远,而是经常在一起吃饭聊天。

正当我们的公务"口水仗"激战正酣时,一天下午在街头相遇,他对我说:"富兰克林,请你到寒舍一坐,陪我吃顿晚饭。有几位朋友要来,你会喜欢的。"随后,他不由分说,拉住我的胳膊,把我拽到了他家。饭后,我们一面喝着酒,一面愉快地谈天说地。莫理斯先生开玩笑地说他很喜欢桑丘·潘沙①的观点——桑丘·潘沙曾声称要当总督就当黑人的总督,假如意见不统一,就可以将他的子民卖掉。这时,坐在我身边的一位朋友对我说:"富兰克林,你为什么要跟那些该死的教友会信徒一个鼻孔出气呢?把他们卖掉岂不更好?领主们愿意出一个好价钱。"我回答说:"总督还没有把他们的脸涂黑嘛。按说,他倒是在所有的咨文中不遗余力地想抹黑议会,可是他刚把黑墨汁涂在他们的脸上,就被他们擦掉,反过来他又将墨汁涂在他的脸上。所以,他一旦发现自己跟汉米尔顿先生一样被涂抹成了黑人,很可能会一怒之下挂印离去。"

这些公务上的争执,说到底,根源都在当地的领主——他们才是历届总督幕后的主使。一旦要他们出钱加强防务,他们就唆使自己的代理人阻止防务税法案通过,手段之卑鄙令人无法相信(除非在同一法案中注明他们不再缴纳田产税)。领主们甚至要求总督立

① 西班牙著名作家塞万提斯的长篇小说《堂吉诃德》中的人物,即堂吉诃德的侍从。

下军令状，一定要将他们的指令落到实处。议会坚决不让步，连着三年一直在抵制这种不公平的行为，但最后还是以妥协告终。莫理斯辞职后，丹尼上尉接任总督一职。丹尼上尉偏不信邪，不愿对领主俯首听命。具体情况容我以后详述。

第三十九章　战争拉开序幕,忙碌于筹集军用物资

　　以上的陈述过于仓促,难免有所遗漏。莫理斯总督执政期间发生的几件事,还是需要讲一讲的。

　　当时,在某种意义上来说,对法战争已经拉开了序幕。马萨诸塞的政府准备进攻克朗角①,于是分别派昆西先生去宾夕法尼亚,波纳尔先生(后来成为波纳尔总督)去纽约求援。因为我是宾夕法尼亚的议员,熟悉议会里的情况,又是昆西先生的同乡,所以他便要我利用我的地位帮助他。议会开会时,我宣读了他的演讲词,收到了很好的效果。议会通过了一万英镑援助的议案,用来购买军用物资。但是总督拒绝批准议会的这个议案(该议案包括这笔援助以及其他英王所需的款项),除非在议案中加入一条——豁免领主所应缴纳的田产税。议会十分渴望自己对新英格兰的承诺生效,这时乱

_____

　　①　现为美国印第安纳州的一座城市。

了分寸，不知怎么办才好。昆西先生绞尽脑汁，想让总督批准，但总督拒不让步。

我提了一个方案，即绕过总督，由议会从贷款处直接提取资金（根据法律规定，议会有这个权力）。事实上，贷款处当时没有多少存款，或者说空空如也。于是，我提出了发行一年期债券的想法，利息为百分之五——有了这笔钱，就可以顺利采购军用物资了。议会没有犹豫，立刻采纳了我的建议。债券付印后，由我和其他的几个委员负责签署和发行。兑付债券的基金，来源于当时纸币放贷的利息和消费税的收入——这两项钱款足以兑付债券，还绰绰有余。因此，债券便有了较高的信誉，筹集到的钱足够购买军用物资了。许多富人手头有闲钱，就去买债券——这样的投资非常划算，一可以生息，二可以在需要用钱时当现金使用。一时间，债券被抢购一空，没出一个星期就在市场上难觅踪影了。就这样，一件重大的事情采用我的办法便完成了。昆西先生用热情洋溢的言辞对议会表示了感谢，为自己能顺利完成使命而激动不已，欢天喜地地回去了。此后，他跟我结下了极为诚挚、极为深厚的友谊。

英国政府不允许美洲各殖民地按照奥尔巴尼的协议建立共同防守疆土的联盟，生怕他们的武装力量会因此过分强大，从而产生对自身力量的自信。当时的英政府对殖民地颇有顾忌和猜疑之心，于是就派布拉道克将军率领两个团的正规军来美洲驻防。他们在弗吉尼亚的亚历山德里亚登陆，然后向马里兰的弗雷德里克顿进军。在此处，军队停下来等待运送辎重的车辆。我们的地区议会听说这位将军对我们有极强烈的成见,怀疑议会反对他率军前来,于是便让我去拜访他,不是以议员的身份,而是以邮务总长的身份,假装跟他商量,看怎样才能用最迅速稳妥的办法传递他与各地区总督之间的信件(他必须跟总督们保持联系——邮资由总督们支付)。我这次长行,由我儿子陪同。

我们在弗雷德里克顿见到了这位将军。他派人去马里兰和弗吉尼亚的后方征集车辆,此时正心急火燎地等着那些人回来。我跟他在一起待了好几天,每天和他一同进餐,有充足的机会打消他的全部成见。我说为了帮助他作战,我们的议会在他来之前就已经做了大量工作,现在仍一如既往地愿意鼎力相助。正当我准备起程离开时,征集车辆的人回来了,似乎仅仅征集到了二十五辆马车,而且并非每一辆都可以用。将军和他手下的军官们都颇感意外,认为无法再前行,这一趟远征算是无果而终了。他们大发牢骚,指责国内的那些大臣简直愚昧无知,竟让他们来到了这样一个地区,连运送给养和军需品的车辆都匮乏——最起码,他们需要的马车不能少于一百五十辆。

这时,我说可惜他们不是在宾夕法尼亚——宾夕法尼亚的农户几乎家家都有马车。真是说者无心,听者有意。将军马上抓住了我的这句话,说道:"那么,先生,你在那里是一个有地位的人,也许你能够替我们搞到车辆。拜托啦!"我问他愿意给马车主人怎样的报酬,他就要我把我认为必需的报酬写在纸上。我写下来后,他同意我所列的条款,并马上准备了委托书和训令。我一到兰卡斯特,立

刻就登了一个通告,列出了给马车主人的报酬。这个通告迅速产生了巨大效应。鉴于它的效应之大极为罕见,我特此转录如下:

通　告

　　兹因英王陛下的军队即将在威尔港集结,需要一百五十辆运货马车,每辆配备马四匹,并需要一千五百匹鞍马或驮马。布拉道克将军阁下授权给我办理此项事务,特此告知。我的办公时间和地点如下:从即日起到下星期三晚上为止在兰卡斯特;从下星期四上午起到星期五晚上为止在约克。在上述两地租用车辆及拉车马匹或单独马匹的费用如下:

　　一、每辆马车每日十五先令(配四匹良马和一名车夫);每匹强壮的鞍马或驮马每日两先令(自备马鞍或驮具;没有马鞍或驮具的每日每匹十八便士)。

　　二、各种车辆马匹的租费概从在威尔港与部队会合之日起计算。所有的车辆马匹必须在下月(五月)二十日以前到达威尔港。除了规定的租金以外,对于往返旅途所必需的时间将给予适当的补贴。

　　三、每一辆马车和配套马匹,每一匹鞍马或驮马应由我和物主共同选定的公正人士加以估价,假如任何车辆或马匹在军役中遗失,就应照价赔偿。

　　四、在订合同时,如有必要,可由我向物主预支七天的租金,余款将由布拉道克将军或军需官在解除合同时或按照需要

　　　　　　　　　　富兰克林自传

在其他时候支付。

五、马车的车夫或照料所雇用马匹的人在任何情形下绝不受命履行士兵的职责,也不从事驾车、喂马之外的工作。

六、凡由马车或马匹运抵军营的一切燕麦、玉蜀黍或其他饲料,除饲养马匹必需之外,概由军队按照合理价格加以收购,以供军用。

备注:我的儿子威廉·富兰克林有权在坎伯兰县与任何人订立此类合同。

本杰明·富兰克林

1755 年 4 月 26 日

于兰卡斯特

告兰卡斯特、约克和坎伯兰县居民书

朋友们、同胞们:

几天之前我前往弗雷德里克军营,发现将军和军官们因为缺乏马匹和车辆而感到十分恼怒。他们本来以为宾夕法尼亚完全有能力提供马匹和车辆,对此他们满怀期待,谁知由于我们的总督和议会意见不合,没有拨款,也没有为此采取其他措施。

有人提议立即派遣一支武装部队进入我地区的各县,强征所需的车辆和马匹,并强征必要数量的居民驾车和喂马。

　　如果英军士兵带着这样的使命进入我地区的各县,特别是考虑到他们目前的愤怒和他们对我们的怨恨,一定会给我们的居民带来许多不便,于是我不敢辞劳苦,愿意出面效力,以公平合理的方法来解决这个问题。这一带的居民最近曾向议会诉苦,说他们缺少现金,现在你们就有一个机会可以获得和分享一笔数额可观的现金。如果所雇用的车辆和马匹能够服役一百二十天(这种可能性极大),佣金可高达三万英镑,由英王陛下用金币和银币支付。

　　为军队服役是比较轻松和容易的,因为他们行进的速度一天不会超过十二英里——车辆所载的货物以及驮马所驮的东西都属于军队所必需的物资,必须跟着部队走,不能走得太快;无论是在行军途中还是在宿营地,这些物资关系重大,必须置于最安全的地方。

　　我相信你们是英王陛下忠诚的臣民,倘若果真如此,现在就是你们效忠的大好机会,而且并没有什么困难。如果因为忙于农活,一户人家无法单独提供一辆马车、四匹马和一个车夫,那就三四家合摊,挣来的钱按比例分享——一家出车,另一家出一匹或两匹马,另一家出一个车夫。假如面对着这样优厚的待遇和合理的报酬,你们仍不肯主动效忠报国,那你们的忠心就会受到严重质疑了。英王陛下的使命是必须完成的! 那么

　　　　　　　　富兰克林自传

多勇敢的战士千里迢迢赶来保卫你们,绝不会眼看着你们拒绝尽自己应尽的义务而无所事事。车辆和马匹是非提供不可的,否则他们很可能会采取强制的手段。到那时,你们将追悔莫及,想得到现在这样的报酬就哀求无门了,没人会同情或搭理你们的。

对于这件事,我不图名利,只是想做件好事,获得心灵的满足,愿意鞠躬尽瘁,为你们效劳。如果此法不能生效,不能雇来车辆和马匹,我将会在十四天后把情况通报给将军。到了那时,约翰·圣克莱爵士恐怕会立刻带着一队轻骑兵进入本地区强征车马。这是我所不愿与闻的,因为我是你们诚挚、忠实的朋友,是一心为你们着想的人。

本杰明·富兰克林

我从将军那里领到约八百英镑,作为付给车主等人的预支租金。后来,因为这笔钱不够,我自己又垫付了两百英镑。两星期后,一百五十辆马车和两百五十九匹驮马就起程向军营出发了。那份通告承诺:车马如有损失,将会按估价赔偿。但是物主们说他们不认识布拉道克将军,不知道他的话是否靠谱,于是非得让我做担保。最后,我提供了担保。

一天傍晚,我在军营里跟邓巴上校团队的军官共进晚餐时,邓巴上校告诉我,说他为他的部下担忧,因为这些军官收入一般都不多,在这物价昂贵的地区买不起长途行军所需的备用品,而沿途荒无人烟,想买东西也买不到。我对他们的处境表示同情,决定设法为他们搞一些给养,但没有把心里的想法说出来。第二天上午,我给议会的一个有权支配公款的委员会写了封信,衷心希望委员会能考虑一下这些军官的困境,赠送给他们一些日用品和食物。我儿子对军营的生活和需要曾经有过一些经验和体会,于是为我列了一张清单,我把它附在了信里。委员会同意了我的请求,并且全力以赴办理,所需物品由我儿子带路随雇来的车辆一道运到了军营来。这些物品总共二十包,每包内含:

1.块糖六磅;

2.格洛斯特硬干酪一方;

3.上等砂糖六磅;

4.上等黄油一桶(二十磅);

5.上等绿茶一磅;

6.陈酿马德拉白葡萄酒两打;

7.红茶一磅;

8.牙买加酒两加仑;

9.上等咖啡粉六磅;

10.芥末粉一瓶;

11.巧克力六磅;

12.精制火腿两条;

13.上等饼干五十磅；

14.腌制牛舌半打；

15.胡椒半磅；

16.大米六磅；

17.优等白葡萄酒醋一夸脱；

18.葡萄干六磅。

这二十包礼品，包装精美，由二十匹马驮着运到军营，分别送给了二十名军官，每人一包。他们千恩万谢，感激之情溢于言表。两个团的上校也写信对我表示衷心感谢。将军见我搞到了车辆，也非常高兴，即刻将我垫付的钱还给了我，并一再表示感谢，求我继续支前，为军队输送给养。我答应了下来，此后一直致力于拥军工作，直至他战败的消息传来。在此之前，我自掏腰包垫付了一千多英镑，把一份账单寄给了他。幸亏他是在大决战前几天拿到了账单，马上寄给我一张支票，要军需官先付给我一千英镑，余额下次结算。我觉得能把这一千英镑拿到手是我的运气，因为那些"余额"算打了水漂(后来，这种"余额"又有所增加)。

第四十章　军事行动失败，引发连锁反应

在我看来，布拉道克将军是个勇敢的人，若在欧洲战场或许是位优秀将领，但来到美洲则显得过于自信，过高估计了正规军的作战力，而对于当地居民和印第安人则估计过低。我们的印第安语翻译乔治·克罗根曾带了一百名印第安人参加了他的远征。如果他善待这些印第安人，印第安人可以为他当向导和侦察员，对军队大有好处。但是他看不起他们，怠慢了他们，于是这些印第安人便逐渐离开了他。

一天，我俩闲谈，他提到了他的进军计划，说道："攻下了迪凯纳要塞以后，我将挥师直捣尼加拉；攻下尼加拉，如果天气好，接着就进攻弗兰特纳克。依我看，攻打迪凯纳要塞易如反掌，耽误不了三四天的时间，随后便长驱直入进攻尼加拉，不会有什么障碍的。"之前，我深思过这次远征，觉得他的军队选择一条羊肠小道作为行军路线，还要穿过深山老林，队伍拉得太长、太分散，很可能会有危险。

我在报上看到曾有一支一千五百人的法军入侵易洛魁印第安人的区域，走这样的行军路线，最后以失败告终。因此，我心存疑虑，为他捏了一把汗。于是，我开口说道："贵军是精锐部队，且装备精良，攻取迪凯纳要塞不在话下——那儿的工事尚不完备，听说驻军力量并不强，很可能不堪一击。我所担心的是贵军很可能会遭到印第安人的伏击——他们对这种战术早已驾轻就熟，预先埋伏于路旁，然后突然袭击。贵军行军时队伍拉得长，几乎有四英里长，极易遭到两侧夹击，像线绳一样被割成几段，首尾不能相顾，无法相互支援。"

他笑我不了解情况，回答说："的确，这些野蛮人对于你们未经训练的美洲殖民地民兵可能是强敌，但是对于英王陛下的久经训练的正规军，先生，他们是微不足道的。"我觉得他是军人，不便在军事问题上跟他抬杠，于是就没有再多说。不过，敌军并没有像我担心的那样见他行军时队伍拉得过长而乘机攻击，却一弹不发地容他前行，一直等到他的部队走到离迪凯纳要塞九英里的地方才下手。此时，部队比较集中（先头部队刚过了河，停在那儿等待着全军过河），而且处在一块比以前所经过的任何地方都开阔的林间空地上。就在这里，敌人从大树后以及灌木丛中朝着部队的前锋开了火，火力很猛。这时，布拉道克将军才意识到敌军原来近在咫尺。前锋秩序大乱，将军督促大军上前援助，但是由于马车、行李和牲口挡道，前往救援的大部队也乱成了马蜂窝。就在这时，敌军从两翼开了火。军官们骑在马背上，成了醒目的活靶子，一个个纷纷中弹落马。士兵们群龙无首，乱糟糟地挤成一堆，站在那儿挨枪子，三分之二的人瞬间阵亡。余下的士兵吓得魂飞胆落，拔腿就跑，只恨爹娘少生了两条腿。

　　车夫从车上卸下马，骑上就落荒而逃。其他的人也学他们的样子，仓皇逃窜。所有的马车、粮秣、大炮和军火全丢给了敌人。布拉道克将军中弹受伤，好不容易才将他救了下来。他的秘书希尔里先生在他身边饮弹身亡。八十六名军官中，死伤的达六十三人之多，一千一百个士兵中死了七百一十四个。这一千一百个士兵是全军中的精华，其余的留在后方由邓巴上校率领，他们押运着大量的军火、粮秣和行李尾随大军前进。败下阵的那些士兵并没有受到敌人的追袭，他们一口气逃到了邓巴的军营里，将恐慌的情绪也带了来，使得邓巴上校及其部下军心大乱。此时英军尚有一千多人，而击败布拉道克的敌人把印第安人和法国人加起来最多总共也不会超过四百名。邓巴上校非但没有率军赴敌，为阵亡的英军将士报仇雪耻，反而下令把所有粮食、弹药等辎重付之一炬，减轻负担，腾出马匹供英军骑用，灰溜溜地逃回了殖民地。弗吉尼亚、马里兰和宾夕法尼亚的总督们请求他把军队驻扎在边境上，以保护居民，但是他匆匆忙忙地继续撤退，一直退到费城才觉得安全了（在这里，他可以得到费城市民的保护）。这件事第一次使我们美洲殖民地的人民产生了怀疑：英国正规军勇敢无敌的说法是否缺乏根据？

　　英军自从登陆以后，所经之处抢劫掳掠，无所不为，使得一些穷苦人家完全陷入了绝境，一旦有人抗议，就会遭到侮辱、谩骂，甚至监禁。如果说我们原来抱有幻想，希望能得到保护，现在总算认清这些"保护神"的嘴脸了。他们的所作所为与法军简直有着天壤之别。1781年,法军从罗得岛到弗吉尼亚,途经我人口最稠密的地区,在近七百英里的行军中秋毫无犯,居民们没有丢一头猪、一只鸡,甚至连一个苹果也没丢。

奥姆上尉是布拉道克将军的一个副官,也负了重伤,和将军一起被救了下来,并且一直跟将军在一起,直到将军几天后咽气。他告诉我,说将军负伤的那天一整天都缄默不语,到了夜里才说了一句:"谁想得到呀!"第二天,将军仍缄默不语,直到最后才说道:"下一次就知道怎么对付他们了。"几分钟后,他就含恨而亡了。

秘书的文件,布拉道克将军的命令、指示以及信件,全部落入了敌人的手中。他们挑选了一些翻译成法文,并印了出来,以此证明英国宫廷在宣战前就已经对法国具有敌意了。这些文件包括几封布拉道克将军写给内阁的信,信中高度赞扬我对英军做出的巨大贡献,请求他们对我予以重视。几年之后,大卫·休谟①为英国驻法大使赫特福德勋爵当秘书,后来又为英国国务大臣康韦将军当秘书。他告诉我,说他亲眼看到过布拉道克高度赞扬和推荐我的信。可是,由于英军远征出师不利,内阁便认为我的协助没有发挥很大的作用,因而没有理睬布拉道克的推荐。

我其实对将军别无所求,只求他下一道命令,要他的部下不要再征用我殖民地的契约仆人,已经征用的请他释放。他爽快地答应

---

① 苏格兰哲学家,是富兰克林的好友。

了，并按我的要求让一些契约仆人回到了他们主人的身边。可是，军权转入邓巴手中时，邓巴就不那么慷慨了。他撤退（或者说逃窜）到费城时，我请他释放兰卡斯特三个穷苦农民家的被征募的仆人，提醒他说这是已故将军的命令。他说自己要率部到纽约去，几天后抵达特伦顿，如果那几位主人能到特伦顿去，他保证把他们的仆人还给他们。于是，那几个农民花了不少钱，费了许多周折，赶到了特伦顿。可是他翻脸不认账，拒绝归还契约仆人，使得农民们大失所望，白白地费了不少盘缠。

车辆和马匹损失殆尽，此消息一经传开，物主们便纷纷找上门来，要我为自己做出担保的损失照价赔偿。我为此大伤脑筋，于是便说赔偿的款项在军需官手里，是现成的，但必须先由希尔里将军发布一道命令。我说我已经给希尔里将军写信要他下令，但由于距离远，不可能立刻就收到回信，需要大家耐心等待。我的话不足以平息众怒，一些物主开始向法院起诉我。最后，希尔里将军终于使我摆脱了这种可怕的处境，派了几个委员来审查物主的诉求，支付了赔款。赔款总数几达两万英镑之巨，完全可以叫我倾家荡产。

在英军远征失利的消息传来之前，邦德医生二兄弟曾拿着募捐簿跑来找我，说是要募捐资金举办一次盛大的烟火晚会，庆祝攻克迪凯纳要塞的胜利。我表情严肃，说应该在确定了胜利的消息之后，再筹备庆祝会不迟。他们见我没有立即响应他们的号召，似乎有点意外，其中的一个说："有你的！你总不会认为我们攻不下迪凯纳要塞吧？"我回话说："攻下攻不下，我不敢说，只是觉得战场上瞬息万变,胜败难以预测。"接下来,我道出了内心的疑虑。募捐一事就此作罢。假如他们把钱募捐来了,却没有了庆祝的缘由,那才叫尴尬呢。后来,邦德医生在某一个场合对人讲,说他不喜欢富兰克林对那次战役的预测,认为是凶兆。

第四十一章 靠人不如靠己,组建地区武装

在布拉道克遭遇惨败之前,莫理斯总督就曾多次上书议会,上交的咨文一篇接一篇,企图迫使议会通过筹集防务经费的法案(对领主的田产却免于征税),而议会不同意对领主们的田产免税,因而议会通过的法案一再被他否决,双方扯开了皮。布拉道克战败后,地区面临的危险加大,防务的必要性也随之增加,他加紧向议会施加压力,希望能一举成功。谁知议会拒不让步,坚信正义在他们一方,认为如果听任总督修改他们的筹款法案,就是放弃了自身的基本权利。在最后一批法案中,有一份是关于筹集五万英镑基金的,总督建议只修改这份法案中的一个字。原法案是:"一切动产和不动产都得课税,领主的财产也在内。"总督把"也"改成了"不"——虽然只是一字之改,意思却大不一样。在这期间,我们一直把议会对总督咨文的答复寄给我们在英国的朋友看。英军远征失利的消息传到英国后,国内一片哗然,那些朋友纷纷指责殖民地的领主们,

说他们太吝啬、太不公道，竟然唆使总督干出这样的事来。有的甚至提出：既然领主们在防务问题上掣肘，那就等于放弃了受保护的权利。领主们听后慌了神，立刻指示他们的税务员：不管议会要他们缴纳多少防务税，都额外追加五千英镑。

议会接到了税务员的通知以后，决定以此作为领主们的防务税，接着便提出了一份新法案，其中有一条是对他们的田产免税，开会时获得了通过。根据这个法案，我是处理该项经费的委员之一，拨款共达六万英镑。我积极参与了草拟这一法案，并积极努力使它获得了通过。同时，我起草了一个建立和训练志愿者民兵队的议案，并且很容易使它在议会获得了通过，因为议案中给予了教友会信徒自由选择的权利。为了加快民兵队的组建，我撰写了一篇对话体的文章，针对一切可能出现的异议进行了一一解答，如我所料，一经刊登便产生了巨大效应。

乡村和城市里的民兵武装如雨后春笋般纷纷成立，热火朝天地展开了训练。这时，总督要我到敌军经常出没的西北边陲去建立防务体系——组建武装和修建要塞。我觉得自己难当重任，但还是硬着头皮接受了这项任务。他给了我一张全权的委任状，还给了我一包空白的军官委任状，以便颁发给任何一个我认为合适的人。招募民兵我倒没有遇到什么困难，一下子就招募了五百六十名，由我统率。我儿子曾是名军官，参加过攻打加拿大的战役，此时成了我的副官，对我帮助很大。戈纳登哈特村里原来住着一些摩拉维亚教徒，后遭印第安人袭击，房屋被焚，居民全部遭屠戮。据观察，那地方很适合修建要塞。

为了向戈纳登哈特进军，我到摩拉维亚教徒的主要定居点伯利恒招兵买马。我意外地发现伯利恒的防务状况良好——戈纳登哈特的毁灭使这儿的居民感到自己的处境岌岌可危，于是在房屋跟前建起了防护墙，从纽约买来了枪支弹药，甚至还在高大的石头房子的窗户与窗户之间放置了许多铺路石（印第安人来犯，妇女们就用这些石头砸他们的脑袋）。武装起来的教友们轮流站岗放哨，按时上岗和下岗，一如城镇里的驻军。在跟他们的主教斯潘根贝格谈话时，我说我对这儿的状况感到惊讶，因为英国议会有过一份法案，免除他们在殖民地的军役——我原以为他们是反对动武的，谁知这儿的火药味却很浓。他回答说：他们原先并无反对动武的原则，但议会通过了免除他们军役的法案之后，许多信徒就认为这应该是他们的原则了；不过，叫人感到意外的是，这一次只有极少数人愿意坚守这一原则。看来，他们这是在自欺欺人，要不然就是对议会瞒天过海——一旦遇到危险，人们往往会回归理性，顾不上什么清规戒律了。

一月初，我们开始着手修筑要塞。我派遣了一个小分队到米尼辛克，命令他们在那个地区的高地修建一座要塞，保一方平安，又派了另外一个小分队到那个地区的低地，执行同样的任务。随后，我率领其余的人马去了戈纳登哈特，准备在那儿用最短的时间修建一座要塞。摩拉维亚教徒为我提供了五辆马车，运送工具、粮秣和行李等物。

富兰克林自传

就在我们正要离开伯利恒时,有十一个农民跑来,请求我发给他们枪支弹药。他们被印第安人赶出了家园,打算拿到武器后杀个回马枪,夺回他们的牲口。我给了他们每人一支枪以及适量的弹药。话说我们从伯利恒出发后,没走几英里天就下起了雨,一整天都没有停,路上又没有个避雨的地方,傍晚到了一户德国移民的家里,一个个都像落汤鸡一样,于是钻进他们家的谷仓里挤在一起取暖。幸亏我们在路上没有碰到敌人,因为我们的枪支十分简陋,遇到下雨枪机就湿了,枪便用不成了。印第安人有鬼点子,能让枪支不被雨水淋湿,而我们却做不到。就在这一天,以上提到的那十一个穷苦农民遭到了印第安人的枪杀。侥幸逃脱的唯一一个农民后来说,他的同伴们由于枪被雨水打湿,结果就无法打响了。

　　次日天放晴,我们继续赶路,最终到达了已空无一人的戈纳登哈特村。村口有一个锯木厂,旁边放着几堆木板。用这些木板我们三下五除二盖了几座小木屋——此时天气又湿又冷,我们没有帐篷,这些木屋就显得很有必要了。接下来,我们首先要做的是体面地埋葬死者的尸体(那些尸体只是被当地人草草掩埋,有些连土都没有盖严)。

　　第二天上午我们画了草图,对要塞进行了规划——要塞的周长为四百五十五英尺,这就需要四百五十五根木桩,紧密排列,每根木桩由直径一英尺的树干制成,最后构成一道围墙。我们共有七十把斧头,说干就干,马上开始伐树,个个都是伐树的好手,效率极其高。眼看着大树一棵棵倒下,我对这样快的速度感到惊奇,于是掏出怀表计算两个人砍伐一棵松树所用的时间,结果发现两个人不出六分钟就将松树放倒了。我量了量,看到那棵松树的直径为十四英寸。这样的松树,每一棵可以制成三根长达十八英尺的木桩(木桩的一端削尖)。我们一部分人伐木,一部分人开始沿着要塞四周挖出深达三英尺的壕沟,以便埋木桩用。我们把马车的车身拆掉,拔掉连接前后两段辕杆的铁销,把前后轮分开,这样我们就有了十辆马车,每辆由两匹马拉着,把木桩从树林里运到工地来。木桩立起来之后,木匠在围墙内用木板搭建了若干台子,约有六英尺高,射手可以站在上面从枪眼向外射击。我们有一尊旋转炮,放在一个角落里,刚一安装停当就开了一炮,假如附近有印第安人,便可以叫他们知道我们拥有威力巨大的武器。当时,尽管每隔一天就大雨如注,雨天无法干活,但我们还是在短短的一个星期里就建成了要塞(但愿能用如此体面的名字称呼我们那寒碜的木头围墙)。

通过这件事,我发现我的部下只要有事可做就快快活活的,心情欢畅愉快,态度也很温和,觉得这一天没白过,晚间总是乐呵呵的,但如果无事可做便会生出嫌隙来,动辄便发火,吃饭时挑肥拣瘦,脾气暴躁得不行,这叫我想起了一位船长的信条——那就是必须让部下不停地干活。一次,船上的大副向这位船长报告,说所有的活都已干完,再也没有什么可做的了。船长回答说:"是吗?那就叫他们把铁锚洗一洗吧!"

我们的要塞不管有多寒碜,抵御印第安人的进攻是绰绰有余的,因为他们没有大炮。一旦站稳了脚跟,有了存身之地,我们就派

富兰克林自传

出侦察队到附近地区打探情况。我们没有碰到印第安人，却发现他们曾在附近小山上埋伏过，从那儿观察我们的动静。他们将埋伏的地点伪装得很巧妙，此处值得一提。当时是冬季，他们需要生火，但如果生火，老远就会被人发现。于是，他们就掘了几个直径约三英尺、深度为三英尺多的坑。然后，他们到树林里，用斧头从烧焦的树干上砍下木炭来，用这些木炭在坑的底部生起了小火。根据他们留下的痕迹可以断定：他们趴在草丛里观察我们的动静时，腿却悬在坑里，让双脚保持温暖，这对他们而言极为重要。用这种方法生火和烤火，没有火光、火焰及火星，甚至连烟都没有，我们是发现不了他们的。看来，他们的人数并不多。由于我们人多势众，他们觉得占不了便宜，就没敢发动进攻。

我们的随军牧师是长老会的牧师比蒂先生。他是个很有激情的人，曾对我发牢骚，说士兵们一般都不来参加祈祷会，不来听他布道。士兵们在入伍时，我答应他们：不但给他们发军饷和提供食物，还每天给每个人发一及耳①的朗姆酒，上午和傍晚各一半，按时分发。我发现他们来喝酒倒是十分按时的，因此就对比蒂说："你是牧师，让你负责分发朗姆酒也许有失体面，但如果你先举办祈祷会，然后分发酒，他们一定会全部到场的。"他觉得此计可行，便将分发朗姆酒的差事应承了下来，在几个士兵的协助下量酒分发，把这件事办得有声有色。从那以后人人都来参加祈祷会，而且都很准时。因

---

① 液量单位，一品脱为四及耳。

此,我觉得与其用军法惩处不来参加祈祷会的人,倒不如用这种方法,更为妥当。

第四十二章　新的使命, 新的作为

　　此事完结后, 我又为要塞筹备了一些给养, 刚喘过气来, 就接到了总督的一封来信, 说他请求议会开会讨论事务, 如果边境的大局已定, 不再需要我的话, 他希望我也能与会。我在州议会里的友人们也来信劝我尽量能去开会。此时, 计划中的三个要塞已经落成, 而农民们有了要塞的保护, 也愿意留在自己的农场了。于是, 我决定回去开会。恰在这时, 新英格兰的军官克拉普汗上校来访。此人对于与印第安人作战经验丰富, 同意担任要塞的指挥官, 这叫我心里感到踏实了一些。我颁发给他一张委任状, 检阅队伍时, 向全体官兵宣读了对他的委任。介绍他时, 我说他有着卓越的军事指挥才能, 比我更适合担任此职。接下来, 我又说了一些勉励的话, 然后就离开了军营。士兵们护送我到伯利恒, 在这里我小住了几天, 消除疲劳和恢复体力。夜里, 我睡在舒服的床上, 简直无法入睡——在戈纳登哈特要塞, 我睡在小木屋的地板上, 身上胡乱裹一两条毯子,那种艰苦的条件实在无法跟伯利恒相比。

在伯利恒逗留期间，我对摩拉维亚教徒的风俗习惯有了些许了解。他们有几个人始终陪伴着我，对我关心备至。我发现他们实行的是财产公有制，大家在集体食堂吃饭，在集体宿舍睡觉。在他们的宿舍里，靠近天花板处的四围墙上每隔一定的距离就有一个小孔，很可能是为了便于空气流通而想出的妙招。到他们的教堂参加宗教仪式，可以听到风琴奏出的悠扬音乐，伴奏的有提琴、双簧管、笛子、单簧管等乐器。他们听布道，不像我们那样男女老少在一起，而是分时分批进行——已婚男子是一批（有时携带妻子参加），未婚青年男子是一批，未婚青年女子是一批，儿童是一批。我到儿童的会场去听过布道——男童由一个青年男子（他们的导师）带领进入教堂，依次落座，而女童的领队则是一个青年女子。布道词浅显易懂，很容易被儿童接受，而牧师的态度和蔼可亲，语气就像是哄小孩，要他们人人争做好孩子。孩子们纪律性强，很守规矩，但面色苍白，似乎健康欠佳。我猜想那是因为他们老待在屋子里，缺乏户外锻炼所造成的。

我询问了他们的婚姻习俗，想知道有关他们靠抽签决定男女婚配这方面的报道是否属实。他们回答说只有在某些特定的情况下才采取这种方式。一般来说，如果一个青年男子打算结婚，就会将自己的意图告诉本族的男性长者，由长者跟管理青年女子的老年妇女商量——这些老年人对自己管理的青年男女最为熟悉，熟悉他们的性格和品行，由他们决定男女婚配最为合适。在一般情况下，他

　　　　　　富兰克林自传

们的决断会叫青年男女双方都感到满意。但有时也得靠抽签决定。例如，倘若三个青年女子的条件都适合嫁给一个青年男子，这时就需要用抽签决定。我反驳说：如果婚姻不是两情相悦，有些可能会不幸福的。他们则回答说：如果让青年男女自己选择，有些也可能会不幸福的。说实在的，对此我无法否认。

回到费城后，我发现民防工作进行得很顺利，除了教友会的教友以外，几乎所有的市民都参与了这件事务。他们按照新颁布的法令组成了若干连队，选出了连长、排长和班长。邦德医生来看我，说他在宣传推广新法令方面简直费尽了心血，将许多功劳都归于他一人。由于虚荣心作怪，我觉得我写的那篇对话体文章功不可没，可转念一想，认为他的话不无道理，于是就没有把心里的想法说出来（在荣誉面前，我觉得不应该争抢）。军官们开会时，一致选举我当他们的上校团长，这一次我痛快地接受了这个军衔。我记不清当时我麾下有多少个连队了，反正有一千两百名威武的战士参加了检阅，拥有六门铜铸野炮的炮兵连也在其中（炮兵们技术娴熟，一分钟能打十二发炮弹）。记得第一次检阅完部队，战士们护送我回家，在我家门口鸣炮向我致敬，结果把我电学仪器上的几块玻璃震下来摔碎了。后来证明：我新获得的荣誉跟那几块玻璃一样容易破碎——英国那边飞来一纸法令，把我们所有人的军衔全都撤销了。

就在我当上校团长那短短一段时间里，一次要到弗吉尼亚去，团里的军官们突然心血来潮，觉得应该护送我出城，把我送到下渡口那儿。所以，当我上马准备出发时，就见三四十个军官骑着马，一身戎装,跑到了我家门口来。对他们的计划我事前一无所知,否则一定会阻止的,因为我天生讨厌摆谱,不喜欢招摇过市那一套。他们突然出现,叫我不胜烦恼,现在不让他们送也不行了。更为糟糕的是,我们一行刚开始动身,他们便拔出了各自的指挥刀,一路上举着刀前进。有人看见这情景,就写信报告给了当地的领主,使得领主大为生气,觉得自己从来没有享受过这样的礼遇,历届总督也没有享受过,认为只有王室的亲王才配得上这样的荣誉。他的话也许是真的,只不过我对这方面的规矩一无所知,当时不知道,现在仍不甚了了。

以前,我在议会坚决反对免除他的田产税,强烈谴责他千方百计企图免税的行为是卑鄙的、不公平的,因此他对我怀恨在心,现在出了这件蠢事,更恨得他咬牙切齿了。他向内阁控告我,说我是他向英王效忠的巨大障碍,说我利用自己在议会中的势力反对通过合适的筹款议案。他还引我跟我的军官们列队游街的事作为例证,说明我心怀叵测,企图用武力夺取他对地区的控制权。除此之外,他还请求邮务总长埃弗拉德·福克纳爵士免除我在邮局的职务,但他是白费口舌——埃弗拉德爵士并没有听他的话,只是温和地劝了我几句,要我以后多注意而已。

尽管总督与议会之间摩擦不断,我作为一个议员,而且在摩擦中唱主角,然而却跟总督礼尚往来,保持着良好的关系——我和他从未有过私人的恩怨。有时我心想:他明明知道反驳他咨文的复文是我执笔,却对我不怨不恨,很可能是他的职业习惯使然(他是律师出身）。或许，他把我俩都看成了律师，对簿公堂时为各自的客户辩护——他代表领主们，而我则代表议会。有时，他还会跑来要我对一些难办的事情献计献策，甚至还会采纳我的一些建议。

　　在为布拉道克的部队提供给养一事上，我俩曾经同舟共济，劲往一处使。布拉道克战败的噩耗传来时，这位总督十万火急地要我去见他共商大计，看怎样才能防止边远地区的弃守。记不得当时我出了些什么点子，只记得要他给邓巴将军写封信，请求将军派部队驻防边陲，保卫那个地区的疆土，待殖民地的增援部队抵达，再继续远征。当我从要塞那儿返回后，他就想着让我率领地区部队代替驻防边陲的邓巴部队去远征，将迪凯纳堡垒拿下。他提议任命我为将军。我有自知之明，知道自己的军事才能远不及他所说的那样，而且他夸大其词，所说和所想不一致。也许，他认为我名望高，利于招募士兵，同时我在议会也很有势力，筹军饷不在话下（或许还不需要向领主征收田产税）。后来他发现我对此并不热衷，于是只好作罢。过了没多久，他便辞去了总督的职务，由丹尼上尉接任。

第四十三章　潜心科学研究，荣任皇家学会会员

　　我在科学领域奋斗不息，后来声名鹊起。我想最好先讲一讲自己在这方面的经历，然后再陈述我在新总督任内有什么样的作为。

　　话说 1746 年我在波士顿时，遇见了思朋斯博士。他刚从苏格兰来，向我演示了一下他的电气试验。他的技术不很熟练，所以试验做得不太完美，然而却向我打开了一扇窗户，使我感到又惊又喜。我回到费城不久，我们的订阅图书馆从伦敦皇家协会的一个会员柯林森先生那里收到了一根玻璃管作为礼品，附有说明书，解释了做这种电气试验时使用玻璃管的方法。我如获至宝，立刻重复了我在波士顿看到的那种试验。经过反复试验，又根据英国的报道做了一些相关试验，还增加了几个新的项目，我茅塞顿开，掌握了诀窍。我说反复试验，是因为我家有一段时间老有人来，都是来看新鲜的，我得一遍遍演示给他们看。

　　为了能适当分流观众，我叫玻璃厂制造了几根类似的玻璃管分

发给朋友们。于是,这些朋友也就有了做试验的仪器,后来也成了试验的演示者,其中重要的一员是我的邻居金纳斯利先生。金纳斯利先生是个很有能力的才俊,当时失业在家。我鼓励他演示这种试验挣钱养家,并且为他写了两份说明材料,解释了试验的步骤以及所采用的方法,一步接一步,一环套一环。为此,他特意购置了一套精美的仪器,用仪器制造商的精巧产品替换掉了我自制的粗糙玩意儿。他演示时座无虚席,产生了巨大效应。过了一些时候,他周游各殖民地,在各主要城镇演示这种试验,一路敛财。到西印度群岛演示,他倒是遇到了不少困难,因为那儿的空气太潮湿了。

对于柯林森先生赠送的玻璃管以及其他一些礼品,我一直心存感激,觉得应该让他了解用他的玻璃管进行试验所取得的成就,于是就给他写了几封信,报告了我们所做的试验。他在皇家学会中宣读了我的信,皇家学会起初认为这样的试验没有重大价值,不值得刊登在他们的刊物上。我曾经为金纳斯利写过一篇论文,说明闪电和电属于同一性质,此时就将论文寄给了我的一个朋友米切尔博士(此人也是皇家学会的会员)。他来信说该论文已在学会宣读过,却引起了专家们的嘲笑。后来,柯林森先生将我写的几篇论文拿给福瑟吉尔博士看,他认为很有价值,不应使之埋没,建议把它们印出来。于是,柯林森先生便把论文交给了凯夫,要他在他的《绅士》杂志上发表。而凯夫却决定将它们印成论文集,并请福瑟吉尔博士写了序言。凯夫的这个生意经算是念对了,因为这些论文,再加上我后来陆续寄去的一些,集中在一起成了一本四开本的厚书,连着出了五版,他没有掏一分钱的稿费。

有一段时间,论文集在英国并没有引起多大的关注。后来,法国科学家布丰伯爵(此人不仅在法国享有盛名,在整个欧洲都广为人知)无意中看到了这本论文集,立刻请达利巴尔先生把它译成法文,在巴黎出版发行。谁知这一来却得罪了诺莱神父——此人是皇族的自然科学导师,是一个颇具才干的实验科学家,曾发表了一套电气理论学说,赢得了很大的反响。起初,他无法相信论文集的作者是一个美洲人,一口咬定是他在巴黎科学界的敌人捏造出来的,目的是要否定他的学说。后来他才发现自己所怀疑的作者的确是个美洲人,名叫富兰克林,住在费城。于是,他连篇累牍地发表公开信,矛头主要指向我,为他的学说辩护,对我的试验表示质疑,否认我所得出的结论。

我曾经想撰文反驳,而且已经开了一个头,但是仔细一想:我的论文讲述的那种试验,任何人都可以复制和验证,如果验证不了,空辩于事无补;况且,论文中所提的观点只是一种假设,并非武断的结论,因而没必要为之辩护;再说,两个人用不同的语言展开论战,翻译上很可能会出现错误,引起双方的误解,大大延长论战的时间(诺莱神父公开信里的许多话语就是由法语翻译的错误而引发的)。经过认真考虑,我决定不去替这些论文辩护了,认为与其去替已经做过的试验辩护,不如把忙完公务后的闲暇用于新的试验。我这边偃旗息鼓,没有撰文反驳诺莱神父,后来也并没有为自己的决定感到后悔——皇家科学院院士勒罗伊先生(我的一位朋友)为我打抱不平，对他进行了驳斥；我的论文集被译成了意大利文、德文和拉丁文，书中的学说也逐渐为欧洲的科学家们普遍采纳（他们抛弃了诺莱神父的学说）。最后，诺莱神父成了孤家寡人，信徒们纷纷倒戈，只剩下了他的高足（巴黎的 B 先生）一人继承他的衣钵了。

　　我的论文集之所以能名声大噪，成为香饽饽，是因为书中论述的一项实验获得了成功——达利巴尔和德罗两先生在玛丽城堡①将云层里的电引到了地面上。这项实验吸引了全世界的眼球。德罗先生拥有做实验的仪器，又是讲授实验科学的，于是便着手重复他所谓的"费城实验"，先是演示给国王和大臣们看，接着就向蜂拥而来的好奇的巴黎市民演示。关于这项意义重大的实验以及过后不久我在费城用风筝做的一个类似的实验（该实验也获得了成功，使我感到无限快慰），我在这里就不赘言了，因为它们在电学史上都有记载。

　　一个名叫赖特的英国医生在巴黎期间，曾写信给他的朋友（一个皇家学会的会员），说我的实验在国外学术界很受推崇，还说国外的学者们不明白为什么我的论文在英国却被束之高阁。皇家学会听了，这才开始对我的那些曾经向他们宣读过的信件另眼相看。著名的沃森博士把那些信以及后来我寄到英国来的相关论文进行了总结，写了一份摘要，还加了一些赞扬我的话，刊登在了皇家学会的刊物上。一些在伦敦的皇家学会的会员，特别是独具慧眼的坎顿先

---

　　① 法国的一座皇家城堡。

生,用一根带尖的铁棒把闪电从云层引了下来,证明了我的理论的正确性。他们将这一结果汇报给了皇家学会。皇家学会立刻对我优礼相加,以弥补以前慢待我所造成的遗憾,没要求我写申请便选举我为皇家学会会员,而且一致同意我免缴会费(他们的会费高达二十五个金币)。此后,他们定期向我寄送皇家学会的刊物。除此之外,他们还将1753年年度的戈弗雷·科普利爵士金质奖①章颁发给了我。在颁发奖章的典礼上,学会会长麦克莱斯菲尔德勋爵发表了热情洋溢的讲话,对于我取得的成就给予了极高的评价。

---

① 英国国会议员戈弗雷·科普利爵士创立的奖项,以奖励贡献卓越的科学家。

　　　　　　　　富兰克林自传

第四十四章　与权贵抗衡,遭遇庸碌英军将领

上述皇家学会的奖章是由我们的新总督丹尼上尉带到美洲来的。在费城为他举行的招待会上,他把奖章交给了我,同时表达了他对我的敬意,说他对我闻名已久,十分钦佩我高尚的人品。参加招待会的人吃了晚宴,按照惯例坐在一起喝酒聊天,而他将我拉到另外一间屋里,推心置腹地告诉我,说他在英国的朋友们劝他跟我交往,因为我能为他献计献策,能使他的执政之路一帆风顺。因此,他表示自己十分渴望跟我建立友好的关系,说他非常愿意尽他的能力为我效犬马之劳。他还为领主说了一大堆好话,说领主有着良好的意愿,只要大家消除彼此之间长期存在的怨恨,化干戈为玉帛,让民众和领主恢复和谐的关系,对任何一方都有益处,特别对我更是如此。他认为弥合分歧是关键,而能担此重任的非我莫属,我会因此而得到报答和酬谢,云云。喝酒的那些人见我们迟迟没回到餐桌旁,便送来了一瓶马德拉白葡萄酒。总督开杯痛饮,喝得越多,恳求

和许愿也就越多。

我对他的答复是：感谢上帝，我的经济状况很好，不需要酬谢，作为议会的议员，也不可能接受别人的馈赠；不过，我和领主之间并无个人恩怨，如果领主的诉求符合民众的利益，我一定会比任何人都更加热烈拥护和坚决支持。我说自己过去之所以反对领主的诉求，是因为那些诉求只符合领主自己的利益，却严重地损害了民众的利益。我感谢了这位新总督对我所表现出的善意，说一定会竭尽全力帮助他，使他的执政之路一帆风顺，同时也希望他不要像他的前任那样受制于领主的指令。

当时，他没有为自己做辩解。可后来，当他和议会打交道时，以前的旧戏又上演了，双方又起了争端。我作为议会的代言人，积极地予以反击，一是反对执行领主的指令，二是驳斥了提这种要求的人所说的话语（对于当时情况的记载见于议会档案以及我事后编纂的《历史的回顾》）。不过，我和总督私人之间没有任何敌意，常在一起聊天。他学问渊博、见多识广，见面时谈天说地，令人受益匪浅。从他的口中我得知了我的老友詹姆斯·拉夫的下落——拉夫还活着，被公认为英国最卓越的政论作家之一；他在弗雷德里克亲王和国王的纠纷中大显身手，因此而获得了年薪为三百英镑的俸禄；作为诗人，他没有什么名望，蒲柏曾在自己的长诗《愚人记》里把他的诗贬得一钱不值；但他的散文非常出色，堪称一流。

议会终于发现领主们执迷不悟，一直在幕后指使他们的代理人总督从中作祟，不仅有损于民众利益，也在干扰王室的军务，于是决定上书英王,陈述利害。我被任命为议会的代表,到英国去递交请愿书,并说明理由。在这之前,议会曾经向总督送去一个议案,要拨款六万英镑供英王使用(其中一万英镑是军费,是拨给劳登将军的)。对于这份议案,总督受到领主的指使,坚决不同意。

我跟纽约的莫里斯船长谈好,准备乘他的船到英国上书,已将随身用品放在了船上。就在这时,身为将军的劳登勋爵突然来到了费城,据说是特意来调解总督和议会之间的分歧的,因为他不愿让他们之间的不和妨碍国王陛下的军务。他希望我和总督去见他,听一听我们双方是怎么说的。见面后,我们对何去何从进行了商讨。我代表议会陈述了我们一方的观点(这些观点由我执笔写出并印刷,存于议会的档案,至今仍可以在当时的公文里找到),总督却用领主的指令为自己申辩,说他必须按领主的指令办事,否则就会葬送他的前程,声称假如勋爵要他违背领主的意志,那他也愿意冒一冒险。我原以为自己力陈利害,已经让勋爵站在了我们的一方,谁知他不愿与领主对垒,却反过来要议会做出让步。他求我想办法解决这个问题,说他率领的英王军队是不能派过来保卫我们疆土的,假如我们不能自卫,就会任由敌人宰割。

我把我们商谈的情况汇报给了议会,草拟并上交了一份决议,在决议中列出了议会的权利,声明这些权利神圣不可侵犯,但由于形势所迫,暂不行使。最后,议会同意收回原来的议案,另外通过了一个比较符合领主利益的新议案,总督这次当然会痛快地同意了。我总算可以放心地到英国去完成自己的使命了。可遗憾的是莫里斯的轮船已经开走了,把我的那些随身用品也带走了,给我造成了一些损失。我唯一得到的补偿是勋爵对我的帮助所说的几句感谢的话,而调解分歧所取得的成就都记在了他一人的功劳簿上。

勋爵先我一步去了纽约。在那儿,轮船的起航时间由他决定。当时,港内停着两艘船,他说马上就有一艘要起航。我怕有事耽搁,再次误了船期,便请他告诉我确切的起航时间。他回答说:"我对外说下星期六开船,但我可以实话告诉你,你就是星期一来也不迟,只是再也不能比这更晚了。"后来我到纽约时,在渡口出了点意外有所耽搁,星期一中午才到了海港,心里七上八下的,生怕轮船已经开走,因为那天是顺风。谁知轮船并没有开走,要等到次日才起航,我心里的石头顿时落了地。你恐怕会以为我马上就能够登上赴欧的旅程了,我心里也是这么想的,那是因为你我不了解这位爵爷的性格——优柔寡断是他最明显的性格特征。对此,我可以举例说明。我是在四月初到的纽约,轮船我想是在六月底才起航。两艘船都停泊在港口,一停就是很长时间,要等到勋爵将需要邮走的信写好才可以起航,而勋爵则一拖再拖。这时,又有一艘船抵达纽约,又被迫停在了港口。我们的这艘再不走,第四艘就又要来了。我们的船停的时间最长,理应最先出发。乘客们心急如焚,焦急盼望着赶快开船。商人们更是如坐针毡,怕他们的信函会误期,怕他们为秋季货物所下的保险失效(此时正值战争时期,货运一般都有保险)。他们急也没有用,因为爵爷的信还没有写好!凡是拜谒他的人总会看到他坐在桌旁奋笔疾书,就以为他有着千言万语要写在信里。

一天上午，我上门去向勋爵问安，在他的会客室遇见了一个从费城来的叫伊聂斯的使者——他奉丹尼总督之命，要将一包信函交给勋爵，还带来了几封我的朋友写给我的信。我顺便问他在哪儿住，什么时候回去，说我想托他捎几封信去费城。他说劳登将军命令他第二天上午九时来取将军给总督的复信，然后就立刻回费城。我当天就把要他捎的信交给了他。两星期之后，我又在老地方遇见了他，说道："嗬，你这么快又回来了，伊聂斯。"他说："回来？我还没走呢！"我问："这是怎么回事？"他回答说："这两个星期我每天上午都来取爵爷的回信，可是直到现在都没有拿到手。"我说："这怎么可能呢？他不是老在写东西吗！每次来，我都见他坐在桌前写字。"伊聂斯说："是呀，但是他活像广告上的圣乔治一样，永远骑在马上，却寸步不前。"这位使者的眼力似乎很准，说的话好像很有道理——我到了英国后，听说陆军部长皮特先生有意要罢黜这位将军，让艾姆赫斯特和沃尔夫两位将军接替他的位置，因为皮特先生从未接到过他的任何报告，不知道他一天到晚都在干什么。

　　三艘船天天盼着开船，后来奉命驶往桑迪胡克，在那里跟英国的舰队会合。乘客们觉得最好随船一道走，怕的是轮船会突然接到起航的命令，将他们抛下。假如我没有记错的话，我们在船上就这样待了约六个星期，把船上的食物吃完后，又上岸去购买。最后，舰队终于开拔了。将军率领舰队，满载着他的部队，浩浩荡荡朝着路易斯堡进发，目的是要攻打那儿的要塞，所有的客船必须跟随将军的旗舰一同前往，待将军的信函写完之后，方可带着信函起航去英国。我们在海上等了五天，才拿到了他的一封信，并获准起航了。于是，我们的船就离开舰队，去了英国。另外的两艘船仍被他扣在身边，随舰队一起去了哈利法克斯。在哈利法克斯，他指挥部队进行军事演习，攻打假想敌和假想要塞。后来，他放弃了攻打路易斯堡的计划，带着全部人马连同上述的两艘客船，以及客船上所有的乘客回到了纽约！就在他率领大部队离开纽约期间，法军以及印第安人趁机攻占了纽约边境上的乔治堡，野蛮的印第安人屠杀了许多已经投降了的士兵。

事后，我在伦敦遇到了鲍内尔船长，他是遭到扣留的其中一艘客船的船长。他告诉我，说他被扣留了一个月以后，曾经向劳登勋爵反映，说他的船底已肮脏不堪，势必会影响船速，这对客船来说是很严重的，请求给他一些时间靠岸清理。勋爵问他需要多少时间，他回答说三天。勋爵则说："如果你一天能搞定，我就同意，否则就不同意，因为你们的船后天必须起航。"就这样，鲍内尔船长的请求未获批准，后来一天天拖下去，拖了整整三个月也没有能起航。

在伦敦，我还遇到了鲍内尔船上的一位乘客。此人认为劳登勋爵要弄了他，先是把他长期扣留在纽约，以后把他带到哈利法克斯，接着又把他带回纽约，为此他气愤极了，发誓要提出诉讼，要求对方赔偿损失。至于他后来是否起诉了勋爵，我就不得而知了，反正根据他的讲述，他的损失是十分巨大的。

说一千道一万，我起初就是不明白：国家为什么对劳登勋爵这样一个人委以重任，让他指挥一支大军。后来阅历广了，熟悉了官场上投机钻营、损公济私的现象，也就见怪不怪了。在我看来，如果继布拉道克去世之后而掌握军权的希尔里将军不被免职的话，1757年战役的战绩肯定要好得多。在那次战役中，由于劳登勋爵轻举妄动、铺张浪费，我们的国家蒙受了难以想象的耻辱。希尔里虽然不是军人出身，但通情达理、精明机警、从善如流，能够审时度势、运筹帷幄，在军事上静如处子动如脱兔。劳登指挥着一支大军，不是调兵遣将保卫殖民地的疆土，却把军队拉到哈利法克斯悠闲地搞什么练兵，致使我方疆土暴露在敌人的枪口之下，结果导致乔治堡沦陷。不仅如此，他还搅乱了我方的商业贸易，长期禁运粮食出口，使经商者苦不堪言。他对粮食实行禁运，其借口是害怕被敌人截获，其实是要压低粮价，以便军中伙食承包人可以从中渔利，据说（也许只是猜测）他也分得了一杯羹。最后，当禁运令撤销时，他竟然由于疏忽没有通知查尔斯敦方面，致使停泊在那里的卡罗来纳商船船队多耽搁了近三个月，结果导致船底严重地受到了蛀虫的侵蚀，归途中大多葬身于海底。

希尔里不太熟悉军事，让他指挥打仗无疑是一种艰难的使命，一旦被解职，恐怕会如释重负，打心眼里感到高兴。我参加了纽约市民为劳登勋爵举行的招待会，庆祝他荣任将军，希尔里虽然已经免了职，当时也在场。招待会上人头攒动，有军官、市民，还有外乡人，椅子不够用，就从附近的人家借了一些来，其中有一把非常低，碰巧被拿到了希尔里先生跟前。我坐在旁边，见此情景，就说道："先生，他们给你的座位太低了。"他说："没关系，富兰克林先生，我觉得低的座位最舒服。"

如上所述,我被迫滞留在了纽约,原因是要清理账目——过去为布拉道克筹集给养,我曾雇了一些帮手,他们中有些人的账单一时半会儿无法送来。后来,我将此事汇报给劳登勋爵,希望能拿回自己垫付的钱。他要管理财务的军官仔细核查——那位军官核查了每一个项目,结果无一错误。勋爵答应会命令军需官把汇票给我。可是他一拖再拖,我去找了许多次也没把汇票拿到手。最后,就在我即将起程到英国时,他才告诉我,说他决定不掺和前任将军的账目。他说:"你到了英国,把账单交给财政部,他们立刻就会把钱给你的。"

我说自己长期滞留于纽约,承担了意想不到的巨大开支,希望能立刻把钱拿到手,声称自己无偿为军队效力,并为军队垫付了粮秣款,不应当叫我再费周折,而应该即刻将钱还给我才对,可我磨破了嘴皮子也不顶用。他说:"喂,先生,你可不要说大话,不要得了便宜还卖乖。这种事情谁都心知肚明,哪一个为军队筹备给养的人不捞好处!"我向他保证,说自己一点好处也没捞,可他显然不相信我的话。后来,我听说这种差事油水大,的确能捞到不少好处。至于军队欠我没还清的那些钱(后来又欠了一些),我至今都没有拿到手。

富兰克林自传

第四十五章　赴英旅途历经风险,伦敦上书麻烦不断

在开赴英国之前,我们的船长夸下海口,声称我们的船速度最快。可不幸的是,一旦起航,此船却成了九十六艘帆船中最慢的一艘,这叫我们的船长极为懊丧。经过仔细观察和分析原因,有一次当一艘跟我们差不多一样慢的船眼看就要撵上我们的船时,船长命令全体人员(包括我们大约四十名乘客)全都到船尾去,尽可能站在旗杆附近。我们到了船尾,船的速度就加快了,很快就把跟前的一艘船远远地甩在了后边。这清楚地证明我们船长的猜测是对的:船头负荷太重(似乎所有的大水桶都集中在了那里),导致船速减慢。于是,船长命令把水桶都搬到船尾去。结果,我们的船速恢复正常,成了船队中最快的一艘。

船长声称这艘船的速度曾经达到过每小时十三海里。乘客中有一个叫肯尼迪的人,此人曾是海军的一位船长,此时便跟他抬杠,说这是不可能的,因为没有一艘帆船能跑这么快,认为肯定是计程

绳的刻度有误,或者抛计程绳的方式不正确。两位船长为此打起了赌,决定在起风时测了船速再说。于是,肯尼迪检查了计程绳的刻度,发现刻度没有问题,然后决定到时候由他亲自抛计程绳。过了几天,当风力很强时,我们的船长路德维希说他相信此时的船速可以达到每小时十三海里。于是,肯尼迪开始测速,最终承认自己输了。

我之所以举此例,是想阐明以下几种观点。据说,一艘船造得好不好,跑得快不快,只有下水航行才知道——有的船尽管是按快船制造,下了水却适得其反,成了慢船。当然,这其中也有一部分原因在于船员们装货、操纵索具和船帆的方式——每艘船都有自己独特的一面。再者,同一艘船,如果按照不同船长的命令装载货物,速度的快慢会有所不同。除此之外,一艘船的制造、装备以及航行,很少是由一个人单独完成——往往是有人造船,有人为之配备索具,有人扯帆航行。这些人隔行如隔山,互不了解彼此分内的事务,谁都不是全面手,谁都不可能事事精通。

我发现:在茫茫的大海上,即便风力相同,驾驶同一条船,不同的人会有不同的方法,有的喜欢扯满帆,有的则不喜欢,似乎没有一定的操作规范。依我看,应该做一系列的试验,以决定如下因素:1.适合于快速航行的船身;2.桅杆的最佳尺寸和最佳位置;3.船帆的式样、数量以及根据风力扯帆的方式;4.装货的位置。当今世界是一个崇尚试验的世界。我认为:只要能进行一系列试验,然后综合分析,一定会大有裨益。我坚信:在不久的将来一定会有能人将此

富兰克林自传

试验付诸实施,而且一定能成功。

在赴英的旅途中,我们的船数次遭到敌船的追击,幸好我们的船速度快,屡屡脱险。三十天后,我们驶入了近海区。经过细心观察,船长认为轮船距离我们的法尔茅斯港口已经不远了,只要连夜兼程,次日上午就可以抵达该港口(夜里航行可以躲开常在海峡口附近游弋的敌方私掠船)。于是,我们扯起了所有的帆,一路顺风,全速前进,一口气跑了很远的路。后来,船长经过观察,调整了航线,为的是能绕过锡利群岛①。可是,走这条航线有时会在圣乔治海峡遇到强海潮,会让船只躲避不及,曾经致使克劳兹利·沙沃尔的舰队葬身于海底。我们的船如履薄冰,很可能也会遇到同样的危险。

我们的船头设有瞭望员。常听船员们对他喊:"注意观察前方!"他则回答:"好的,没问题。"其实,这位瞭望员也许正闭着眼睛,处于半醒半睡状态,据说他的回答有时是机械性的。一次,正前方出现了礁石灯,他却没有发现,由于翼帆的遮挡,舵手和其他的人也没有发现。后来,船身偶然一偏,大家这才发现了那盏灯,不由大惊失色。此时,礁石已近在眼前,上面的灯看上去就像车轮一样大。时值午夜,我们的船长正在酣睡。就在这危急关头,肯尼迪船长跳上甲板,看到了危险,命令调转船头,将所有的船帆都扯满。这一措施很可能会导致桅杆断裂,但正是这一措施才令我们侥幸脱险,避

①　位于英格兰的西南部。

免了一场船毁人亡的灾难（因为我们的船眼看就要撞上配有警示灯的礁石了）。这一事件深深触动了我，使我感受到了灯塔的重要性，也促使我暗下决心：如果我能生还美洲，一定大力推进灯塔的建设。

到了早晨，我们测了水深，又观察了一番，觉得我们已经抵达法尔茅斯港了，只是由于大雾弥漫，看不见陆地罢了。九时许，大雾开始消散——那浓浓的雾气就像剧院里的帷幕，冉冉从水面上升起，露出了幕后的法尔茅斯城、停泊在港口的船只以及周围的田野。对于我们这些长时间航行在大海上，除了茫茫无际的海水什么也看不到的人而言，眼前的景象简直太赏心悦目了。更令我们快慰的是，我们不用再提心吊胆地害怕遭到敌方的袭击了。

上了岸，我和儿子立刻动身前往伦敦，途中在索尔兹伯里平原稍作停留，参观了那儿的史前巨石阵，又到威尔顿参观了彭布罗克勋爵的府邸、花园以及他收藏的奇珍异宝。我们父子是在1757年7月27日到达伦敦的。

一到伦敦，我们就住进了查尔斯先生提前安排好的寓所。随后，我前去拜访福瑟吉尔博士——一位朋友曾向他大力推荐过我，建议我去见他，针对此次申诉的程序征求他的看法。福瑟吉尔博士反对直接向政府提出申诉，主张先和领主协商，认为经过朋友的调停和劝导，领主或许愿意息事宁人，做出让步，友好地解决问题。接下来，我去看望经常和我书信来往的老友彼得·柯林森先生。他告诉我：那个弗吉尼亚大商人约翰·汉伯里要求等我一到马上就通知他，由他带我去见枢密院议长格兰维尔勋爵（这位勋爵希望能尽快见到我)。我同意第二天上午随汉伯里去见格兰维尔勋爵。于是,汉伯里先生次日乘车来接我,我俩一道去见那位贵人。格兰维尔勋爵对我热情和礼貌。经过询问,他了解了美洲的现状,然后对我说:"你们美洲人对于你们的政体有一种错误的看法,觉得国王对各总督的训令并非法律,以为你们可以任意决定遵守与否。岂不知国王的训令与公使出国时所带的有关细小礼节的袖珍指南不同,它们首先由熟谙法律的法官们起草,然后由枢密院斟酌、商讨和修改,最后才交给国王签署。对于你们而言,这些训令就是国法,因为英王是'殖民地的立法者'。"我当下表明自己是头一次听到这样的说法,说我一直以为:根据宪章,殖民地的法律应该由殖民地的议会制定,报请国王审批,但是一经批准,国王就无权加以废除或更改;虽然议会不经国王批准不能制定永久性的法律,但是如若得不到议会的同意,国王也不能立法。他说我的看法纯属误解——对于他的说法我是不同意的。经过了这场谈话,我有点担心,害怕勋爵的话代表的是王室的意愿,于是回到寓所就把谈话的内容记了下来。记得在二十年以前,内阁向国会提出的议案中有一条,是要把国王的训令作为殖民地的法律,但是众议院否决了这一条款,当时我们还因此敬佩他们,以为他们是我们的朋友,是自由的捍卫者。直到1765年,我们才认清了他们的真面目——他们不同意把这种权力给国王,只是要将其据为己有。

过了几天,福瑟吉尔博士跟领主们说了这件事,他们同意在春园的佩恩先生家跟我会面。谈话开始时,双方表示愿意弥合分歧,合情合理地解决问题，但我觉得我们对"合情合理"一词的理解各不相同。接下来，大家针对我申诉的几个要点进行了协商，结果是公说公有理婆说婆有理——领主竭力为自己的做法辩解，而我则为议会仗义执言。我们之间的分歧太大，观点相差太远，简直无望达到一致。最后，双方的决定是：由我把申诉的条款写成书面材料，他们看了后再说。我很快就把材料写好了，可是他们连看也没看就交给了他们的律师斐迪南德·约翰·帕里斯处理。此人负责为他们打官司，曾经代表他们跟邻近马里兰的领主巴尔的摩勋爵对簿公堂（这件诉讼案旷日持久，在这之前已经持续了七十年），而在跟我们地区议会的对决中，领主所有的材料以及总督的咨文都由他执笔。他是个不可一世、脾气暴躁的人。以前，我代表议会曾多次对他写的东西口诛笔伐（他的文笔措辞蛮横，说理性实在太差），于是他便对我恨之入骨，将我视为眼中钉肉中刺，一旦见我，就会流露出仇恨的情绪。这次，领主要我和他在一起协商申诉的条款，我一口便拒绝了，声称自己只跟当事的领主协商，其他人一概免见。后来，根据帕里斯的建议，领主将我写的申诉材料交给了检察长和副检察长，请他们提出意见和处理办法，结果那些材料就积压在了那里，差八天就一整年了也没见回音。其间，我屡次要领主给予答复，他们每次都推诿说还没有接到检察长和副检察长提出的意见。最后，检察长和副检察长终于提出了意见，但具体内容是什么我却不得而知，因为领主们压根就没有告诉我，而是让帕里斯执笔写了一篇冗长的咨文寄给了我们的议会，对我写的申诉书以及我本人大加挞伐，说申诉书缺乏礼貌,我本人行为欠佳,还为他们自己的行径进行辩解,举出的理由十分浅薄。他们提出:如果议会派一个能对他们以礼相待的人跟他们协商,他们将非常愿意与议会和解(言外之意:我没有对他们以礼相待)。

他们说我缺乏礼貌、行为欠佳,很可能是因为我在交给他们的材料中没有尊称他们为"宾夕法尼亚地区真正的绝对的领主"。我之所以没有用那样的称呼,是因为我觉得没有必要——我的目的只是要将谈话中自己口述的内容诉诸笔墨而已。

就在此事悬而未决的时候,议会迫使丹尼总督批准了一个议案:领主跟普通民众一样,也需要缴田产税。这是问题的关键,于是议会没有对领主的冗长咨文做出答复。

但是当这个议案送到英国来,准备交给国王审批时,领主们以帕里斯为军师,进行了坚决抵制。他们在枢密院里向国王请愿,枢密院就此举行了听证会。他们聘请了两个律师反对这个议案,我也雇了两个律师拥护这个议案。他们提出:该议案的目的是要将民众的纳税负担转移到领主的头上来;双方的利益是有冲突的,假如领主听之任之,由着议会课税,势必会倾家荡产。我方的回应是:该议案没有这种目的,也绝无这样的打算;估税员都是诚实和谨慎的,发过誓一定不偏不倚、公正执法——如果说他们加重领主的赋税,以减轻自己的负担,那么,减去的负担会小得不能再小,不足以诱使他们违背誓言,落个身败名裂的下场。根据我的记忆,这就是双方争论的焦点。我方强调地说:如果废除这项议案,后果将不堪设想——我们已经发行了十万英镑的纸币,用作英王军队的军费,已在民间广泛流通,一旦此议案遭否决,民众手里的钱就成了废纸,许多人会因此而破产,将来的生活会毫无着落。我方严正指出:领主们说自己的赋税过重纯粹是无稽之谈,是他们自私的本性使然,煽风点火,只会酿成重大灾难。听到这里,枢密院的一位大臣曼斯非尔德勋爵站了起来,向我招招手,当律师们还在唇枪舌剑辩论时,把我拉到秘书室里,问我是否真的认为这项法案不会危及领主的田产。我回答说绝对不会危及的。他说:"那么,让你对此做出担保,你不会反对吧?"我回答说不会的。接下来,他把帕里斯叫来开了个碰头会。他的建议得到了双方的认可。随后,枢密院的秘书就此起草了一份文件,我和查尔斯先生在上面签了字(查尔斯是我们地区的代理人,负责处理日常事务)。曼斯非尔德勋爵回到枢密院会议室做了说明,最后这项议案也就获得了批准。不过,他们对议案里的几项条款做了修改,我们也保证把修改过的内容放在税法里。议会却认为没有这种必要,因为在枢密院的命令到达之前,新的税收法已经实行一年了。接到枢密院的命令后,议会成立了一个委员会检查估税员的工作,任命领主的几位好友作为委员。经过详细的调查,全体委员签署了一份报告,证明估税工作是完全不偏不倚、公正无私的。

议会将我视为有功之臣,认为我做出的担保是对我们地区的一个重大贡献,因为它巩固了流通于本地区的纸币的信用。我返回美洲时,他们郑重地向我致了谢。由于丹尼总督批准了这一税务议案,领主们大为恼火,撤了他的职,还扬言要起诉他,说他违背了自己的承诺(丹尼总督曾承诺要按领主们的旨意办事)。丹尼总督认为自己是为筹备军费才批准的,是在为国王陛下尽忠,而且他在英国宫廷里也认识一些有权势的人,所以对领主们的威胁付之一笑。后来,领主们的威胁也就不了了之了。

(备注:第二十二章至第四十五章是自传的后半部分。)

(全书完)